DUELO Y RESILIENCIA

UNA GUÍA PARA LA RECONSTRUCCIÓN EMOCIONAL

ANA MARÍA EGIDO MENDOZA
ROSARIO LINARES MARTÍNEZ

OBERON

DISEÑO DE MAQUETA Y CUBIERTA:
Celia Antón Santos

MAQUETACIÓN:
Eduardo Cobo Jurado

RESPONSABLE EDITORIAL:
Eva Margarita García

Reservados todos los derechos. El contenido de esta obra está protegido por la Ley, que establece penas de prisión y/o multas, además de las correspondientes indemnizaciones por daños y perjuicios, para quienes reprodujeren, plagiaren, distribuyeren o comunicaren públicamente, en todo o en parte, una obra literaria, artística o científica, o su transformación, interpretación o ejecución artística fijada en cualquier tipo de soporte o comunicada a través de cualquier medio, sin la preceptiva autorización.

© Copyright de los textos: Ana María Egido y Rosario Linares
© Copyright de las imágenes: © 2019 iStock LP
© Copyright de la imagen de cubierta: © 2003-2019 Shutterstock, Inc.

©EDICIONES OBERON (G. A.), 2020
Juan Ignacio Luca de Tena, 15. 28027 Madrid
Depósito legal: M. 24.718-2019
ISBN: 978-84-415-4171-9
Printed in Spain

A mi madre, a Fernando, a mis hijos, regalos de la vida.
A los que guardan dentro el amor de los que ya no están.
Rosario

Dedicado a mis estrellas favoritas, en especial a ti, J.J.
Gracias por iluminar mi camino, gracias por acompañarme siempre.
Gracias a mis padres, a mi hermano y a todos los pacientes
que confían en mi trabajo.
Ana María

índice

INTRODUCCIÓN ··· 8
    Habla Rosario Linares ·· 10
    Habla Ana María Egido ·· 11
    ¿Qué encontrarás en este libro? ··· 13

Parte 1. COMPRENDIENDO EL DUELO ·· 16
    1. El camino del duelo ·· 18
        ¿Qué es el duelo? ·· 18
        Etapas a recorrer:
        Los lugares que has de visitar en el camino ··············· 20
    2. El dolor es inevitable ·· 32
        La función de la tristeza en el duelo ··························· 34
        La sociedad que huye del dolor ·································· 35
        Dolor vs sufrimiento ··· 38
    3. Duelo y apego ·· 43
        ¿Cuáles son las bases de un apego seguro? ·············· 43
        Tipos de apego ·· 45
        El vínculo con el fallecido ·· 51
    4. Las pérdidas más frecuentes y dolorosas ··························· 53
        La muerte de un ser querido ······································· 53
        Duelo perinatal ·· 54
        Ruptura sentimental ·· 57
        La muerte de una mascota ·· 64
    5. El duelo en los niños ·· 70
        Hablando sobre el duelo con los niños ······················ 71
        ¿Cómo podemos ayudarles? ······································· 77
        Errores comunes a la hora de gestionar el duelo infantil 82
    6. Cuando el dolor se complica ··· 85
        Duelo patológico ·· 87
        Duelo diferido ·· 90
        Dolor extremo ·· 91
        ¿Cuándo hay que acudir a terapia
        y cuál es la labor del terapeuta? ································· 97

Parte 2. SUPERANDO EL DUELO ··· 100
    7. Cómo ayudar a alguien que acaba de sufrir una pérdida 102
        Guía de primeros auxilios psicológicos
        en las primeras etapas del duelo ················106
    8. Duelo y resiliencia ································115
        ¿Qué es la resiliencia y cómo podemos hacer
        que nos transforme tras un proceso de duelo? ········115
        El capullo de la mariposa ·······················116
        Cómo desarrollar tu resiliencia en 15 pasos ········117
        El compromiso de seguir adelante ···············124
    9. Gratitud: el antídoto para el dolor ················127
        Diario de gratitud ·····························129
    10. Reconstruir la autoestima tras una ruptura ········133
        Ideas para reparar una autoestima
        dañada tras una ruptura ·······················136
    11. Cómo ayudar a nuestros hijos a superar la separación ··141
        Consideraciones importantes a la hora de tratar el tema
        de la separación con nuestros hijos ···············142
        Cuentos infantiles ····························155
        ¿Cuándo acudir a terapia? ·····················165
    12. Espiritualidad y duelo ···························167
        El consuelo de la religión ······················169
        Victor Frankl y la búsqueda de sentido ···········171
        Elisabeth Kübler-Ross: el final de la vida ···········174
        Espiritualidad y Mindfulness
        basado en la autocompasión ···················175
    13. Estrategias para trabajar tu propio duelo ··········178
        Prácticas sencillas de Mindfulness ···············179
        Cómo cerrar una etapa emocional ···············181
        La carta de despedida ·························182
        La fábula del helecho y el bambú ···············185

BIBLIOGRAFÍA ·· 187
WEBGRAFÍA ·· 189

Introducción

El libro que tienes entre manos trata de un tema difícil y doloroso, pero por el cual todos tenemos que atravesar en algún momento de nuestra vida: el proceso de duelo.

Lo primero de todo, queremos presentarnos; nos llamamos Ana María Egido y Rosario Linares. Somos psicólogas, trabajamos juntas, y nos dedicamos a la práctica clínica desde hace años. Ambas comprobamos día tras día en nuestra consulta la escasa información que tenemos respecto a nuestros procesos internos y nuestras emociones, respecto al dolor, respecto a cómo elaborar las pérdidas, las rupturas, los desafíos y los golpes de la vida.

Esa falta de información da lugar a errores comunes que se repiten frecuentemente y que interfieren en el proceso de duelo, como seguir quedando con tu ex-pareja inmediatamente después de la ruptura o negarle a una mujer que acaba de perder un embarazo el derecho a sentirse triste diciéndole cosas como «piensa que aún ni había nacido» o «ya vendrá otro».

Pero queremos que este libro no sólo te aporte información valiosa para elaborar el duelo o ayudar a otros a hacerlo, sino que también «te acompañe en el sentimiento» para que éste puedas procesarlo de manera sana.

No sólo te acompañaremos, sino que también te brindaremos las herramientas de las que disponemos en psicología para que este camino se haga más corto, y, aunque no podemos aligerar tu carga, sí que podemos ayudarte a hacerte más fuerte para poder sobrellevarla.

HABLA ROSARIO LINARES

Superar las pérdidas es quizá uno de los mayores desafíos a los que nos enfrentamos como seres humanos. Quiero felicitarte por tu valentía al atreverte a mirar el dolor cara a cara y no intentar huir de él. Espero que este libro enriquezca tu vida y te ayude a ser más resiliente.

Yo, como tú, también me he enfrentado al dolor de la pérdida en mi vida, y también me he preguntado cuándo pasaría ese dolor y si podría soportarlo.

A lo largo de mi trayectoria como psicóloga, también he conocido a muchas personas que acudían a consulta para superar una pérdida (una ruptura, la muerte de un ser querido, etc.). La terapia les ha ayudado a utilizar la resiliencia para avanzar a pesar del profundo dolor que sentían.

En mi libro *Resiliencia o la adversidad como oportunidad* plasmé lo que sabía sobre resiliencia, es decir, sobre cómo podemos utilizar la adversidad como palanca para crecer en nuestra vida. En éste, Ana María Egido y yo te ayudamos a desarrollar esta capacidad que todos tenemos para seguir adelante *a pesar* del dolor y, aunque te parezca a priori imposible, de crecer *con* el dolor. Muchas personas lo han conseguido, y tú también lo puedes lograr.

Muchas personas sufren tanto que desean simplemente no sentir, pero aquí no hay soluciones mágicas, no podemos «borrar» lo que ha pasado ni «olvidarlo», debemos aprender a cicatrizar la herida emocional que deja la pérdida.

Otras, sin embargo, tienen miedo a dejar de sentir, se sienten culpables de superar la pérdida, les parece una traición a la persona amada, se estancan en el proceso de duelo, y de alguna forma, creen que deben «morir emocionalmente» con ella.

El proceso de duelo es algo tan delicado y sensible que es fácil, siguiendo con la analogía anterior, que la herida se infecte y se convierta en algo patológico.

Este libro te ayudará a saber qué hacer para facilitar que el proceso fluya de manera natural y saludable.

HABLA ANA MARÍA EGIDO

Las pérdidas son un hecho natural, universal e irreversible, sin embargo, nos encontramos con muchas dificultades para afrontarlas. Desarrollamos diferentes estrategias mentales para intentar «huir o escapar» al dolor que nos generan y difícilmente nos permitimos expresar y poner en palabras nuestros sentimientos más profundos tras una separación o pérdida de un ser querido.

En diferentes culturas y tal como sucede en la nuestra, continúa siendo un tema tabú, algo sobre lo que no nos resulta cómodo hablar. Muchas veces he escuchado la siguiente frase y seguro que tú también: ¿de qué me va a servir hablar con un psicólogo o contárselo a alguien si no me van a poder devolver a mi ser querido/a mi pareja o no me van a decir lo que realmente quiero escuchar? Si bien es cierto, podemos hacer que ese dolor sea más soportable, no se enquiste o se convierta en sufrimiento. Porque no es lo mismo dolor que sufrimiento. Y es que, especialmente cuando hablamos de duelo, podemos aplicar la famosa frase: «el dolor es inevitable pero el sufrimiento es opcional». Más adelante, en alguna de las páginas de este libro, hablaremos con más detalle sobre esto para ayudarte a entender las diferencias entre ambos conceptos y ver qué puedes hacer para manejarte con ellos.

El trabajo como psicoterapeuta es verdaderamente enriquecedor, te da la oportunidad de conocer a personas maravillosas con las que puedes crear un vínculo sano y profundo. Son personas que sufren: como tú y como yo. Compartimos la experiencia de sobrevivir a la pérdida.

Recuerdo que un día, buscando información y consuelo en el legado de profesionales que han dedicado su vida a estar cerca de las personas que más sufren, en una de mis lecturas encontré esta maravillosa frase que me abrazó y acompañó en el dolor durante todo el proceso. Te la dejo para que tú también puedas recibir su calidez y su fuerza:

> *Las personas más bellas con las que me he encontrado son aquellas que han conocido la derrota, conocido el sufrimiento, conocido la lucha, conocido la pérdida y han encontrado su forma de salir de las profundidades. Estas personas tienen una apreciación, una sensibilidad y una comprensión de la vida que los llena de compasión, humildad y una profunda inquietud amorosa. La gente bella no surge de la nada.*
>
> *Elisabeth Kübler-Ross*

Te invito a que te mires desde esta frase y observes a tu alrededor para que puedas reconocer a toda la gente bella que te acompaña, empezando por ti mismo.

Tengo mucho que agradecer a todas las personas que en diferentes ámbitos (personal y profesional) me han permitido conocer y trabajar las diferentes formas de entender y vivir el duelo a través de sus historias personales y únicas. Gracias a todos ellos y gracias también a los que están por venir. Gracias por la oportunidad de conocernos, de crecer y trascender juntos a través del dolor y del amor a nuestros seres queridos.

¿QUÉ ENCONTRARÁS EN ESTE LIBRO?

Para nosotras es muy importante que te hagas una idea general de lo que puedes encontrar aquí antes de seguir avanzando en tu lectura, por ello nos gustaría hacerte un pequeño resumen antes de que continúes leyendo y comiences el primer capítulo.

La palabra DUELO es muy amplia y suele estar más asociada a las personas que están pasando por una pérdida o el fallecimiento de un ser querido. Hablaremos detenidamente sobre este tipo de pérdidas y verás sencillas explicaciones para entender el proceso que vivimos en estas situaciones y cómo podemos hacer para llevarlo de la mejor forma posible.

Nuestra intención desde el primer momento es poder recoger los diferentes tipos de pérdidas de modo que podamos atender tus inquietudes respecto al tema y puedas verte reflejado si estás pasando por alguna de ellas.

Así, dentro del concepto de duelo, haremos especial mención a aquellos que resultan especialmente traumáticos, como es la muerte de un hijo, o aquellos duelos que están silenciados, como es el duelo perinatal, algo sobre lo que creemos que no se habla mucho y que muchas personas sufren en soledad.

Hemos querido dar un lugar en este libro a aquellas personas que están viviendo o han vivido la pérdida de una mascota. Los animales que han formado parte de nuestra vida también nos dejan un enorme vacío que es difícil de manejar ya que no está tan legitimado o aceptado como otros tipos de pérdidas.

Esto en cuanto a las pérdidas por fallecimiento.

Por otro lado, hablaremos sobre las rupturas sentimentales, indicando pautas que te puedan orientar hacia lo que se recomienda o no hacer, dependiendo de las circunstancias de la separación.

Haremos especial mención a los niños y hablaremos de cómo podemos explicarles algo que es tan difícil de entender para nosotros mismos, tanto si se trata de la muerte de un ser querido como si se trata de una separación familiar. Mucha gente solicita ayuda psicológica para aprender a comunicar este tipo de temas a los más pequeños con el objetivo de causarles el menor daño posible.

Nos ha parecido importante también dedicar un capítulo a establecer y/o programar una serie de pautas o actuaciones que te indiquen cómo puedes ayudar a una persona que está pasando por un duelo. Este tipo de actuaciones las verás dentro del capítulo de Primeros Auxilios Psicológicos.

Y como el propio título indica, este libro abarca dos grandes temas: Duelo y RESILIENCIA.

La resiliencia, como ya hemos adelantado anteriormente, y a grandes rasgos, es la capacidad que tiene el ser humano de sobrevivir, adaptarse y crecer ante acontecimientos traumáticos o situaciones adversas. En esta segunda parte, nos centraremos más en los diferentes aspectos que nos ayudan a crecer a través del duelo.

Hablaremos detenidamente sobre qué es la resiliencia, cómo ayudar a los niños a superar la separación de sus padres o cómo podemos reconstruir nuestra autoestima tras una ruptura.

Conectaremos con el poder transformador de la gratitud y abordaremos un tema que consideramos muy importante que habla sobre el papel que juega la espiritualidad a la hora de afrontar un duelo, expuesto desde un punto de vista objetivo y científico.

Por último, a lo largo del libro y especialmente en los últimos capítulos, encontrarás ejercicios o técnicas seleccionadas para ayudarte a aliviar el dolor de una pérdida de una manera práctica y dirigida.

Como sabes, el duelo es una carrera de fondo y el motivo principal que hace que sintamos tanto cariño, ilusión y responsabilidad al escribir este libro, es poder crear algo que de una manera sencilla y rigurosa te sirva como guía y acompañamiento en este proceso.

Deseamos que en este libro encuentres la manera de aliviar tu dolor, conocer tus procesos psicológicos, entender y ayudar a personas cercanas a ti y que puedas encontrar la manera de salir de esto con valentía y el mayor aprendizaje posible. Podemos hacer que estas experiencias en nuestra vida no sean en vano y lo vamos a hacer con mucha humildad, amor y respeto.

Bienvenido, resiliente.

Parte 1

COMPRENDIENDO EL DUELO

1

El camino del duelo

¿Qué es el duelo?

Al igual que cada ser humano es único, los procesos de duelo también lo son. Incluso para una misma persona, las experiencias de duelo serán diferentes a lo largo de su vida. En cada capítulo de este libro encontrarás nociones sobre el duelo, sobre cómo reaccionamos generalmente ante la pérdida y la capacidad de resiliencia que tenemos los seres humanos para reponernos y crecer ante la adversidad.

Es información que consideramos útil para poder hacer el duelo con más consciencia y con menos miedo, para que puedas dejarte acompañar si eres el doliente o acompañar a las personas que queremos de una forma más empática y cercana teniendo en cuenta que no sustituye a un tratamiento psicológico en caso de que fuera necesario.

Miedo, agitación, pánico, incredulidad, confusión. Derrumbamiento, daños. Todo cambió de un momento a otro. No supe qué hacer, qué decir, qué pensar. Se apagó la luz, sentí que todo se estaba desmoronando. Se desmoronó. Toda mi vida hecha pedazos en el suelo, mis expectativas, mis sueños, mi futuro, nuestro futuro. Escombros. No hay servicios. Nada funciona. Hay cosas que ya se han perdido para siempre, otras están destrozadas y algunas, milagrosamente pueden, podrían ser rescatadas. Colapso. Siguen llegando heridos. Preguntas recurrentes, en bucle. Esto no puede estar pasando. Se respira el dolor. El silencio muerde. Nervios. Tristeza. Rabia. Parálisis. Todo a la vez.

¿A qué te suena esta descripción? Está basada en el relato de alguien que ha vivido un terremoto pero, en realidad, así es como sucede también en nuestro mundo interior cuando perdemos a alguien significativo en nuestras vidas o se rompe nuestra relación de pareja. Nuestra estructura mental y nuestros sueños se derrumban igual que lo hace un edificio: llevándose todo por delante. Ya nunca seremos los mismos. Ya nunca será igual.

Podemos considerar el duelo entonces como un *proceso de reconstrucción*, el camino que nos permite recorrer la adaptación a la pérdida, camino que no está exento de dificultades que tardaremos un tiempo en transitar pero que, inevitablemente, hasta que no pasemos por ellas, no podremos llegar a entender su finalidad curativa, esa que se convierte en *crecimiento*.

En las etapas más avanzadas del camino no nos espera la «superación» o el olvido de quién partió, nos espera el *amor y el agradecimiento* por el tiempo de vida compartido. No podemos considerar que haya un final en el camino, más bien lo que nos encontraremos son diferentes etapas o lugares por los que iremos pasando en una ruta por la que transitaremos el resto de nuestra vida. En ocasiones pasaremos por cada uno de estos lugares (o etapas) pero no necesariamente será igual para todos. También habrá lugares en los que nos quedaremos por más tiempo, mientras que en otros, nuestra estancia será breve.

El camino del duelo está trazado en forma de espiral, no es un camino recto ni secuencial. Para recorrerlo muchas veces será necesario volver a pasar por lugares ya conocidos. Una recomendación para viajeros: si a lo largo del camino observas lugares que ya conoces, por los que ya has pasado (en anteriores etapas) no lo vivas como un «retroceso», ya que en ocasiones necesitamos volver allí porque nos han quedado rincones por conocer, palabras por decir o emociones por experimentar y debemos verlo como una oportunidad de seguir avanzando sintiéndonos un poco más fuertes, caminando un poco más erguidos dentro de esa espiral.

En el camino encontraremos parajes que nos harán sentir emociones fuertes, punzantes, casi insoportables. Otros, sin embargo, puede que nos atrapen en el tiempo viviendo en ellos como en una especie de letargo emocional, menos punzante, menos hiriente pero continuo, que irán mermando tus fuerzas de forma silenciosa, haciéndote sentir que de allí jamás podrás salir. Hasta que un día vislumbras un claro en tu caminar. Pero puede que este respiro no te guste del todo, puede que aparezca la culpa.

En los primeros paisajes sólo hay niebla y oscuridad, pero a medida que vayas avanzando en él podrás hacerlo sin esa intensidad emocional tan difícil de sostener. El dolor se va haciendo más soportable, más llevadero. Llegarás a un lugar donde la luz te indicará que vas por el camino correcto y que tu esfuerzo lleva consigo el pasar por sitios en los que el terreno sea menos rudo, las emociones se tornen más suaves, el dolor sea un poco menos denso, donde el amor y los recuerdos te acaricien, iluminen y acompañen. El amor y las vivencias compartidas con tu ser querido se convierten entonces en tus fieles compañeros de viaje y en ese momento sientes el poder del dolor de las primeras paradas, empiezas a encontrar sentido al camino, sobrevives a la pérdida. Ya no te molesta la luz, ahora puedes sentir el calor de los recuerdos y el amor que sientes por tu ser querido dentro de ti. Ahora el amor está por encima del dolor.

El duelo es una respuesta emocional muy intensa que se da ante una pérdida, ya sea por muerte o por una separación. Es un mecanismo natural de adaptación y tiene como consecuencia la curación a nivel psicológico, emocional y espiritual. No hay que temerlo, de hecho, vivir con un duelo no resuelto puede ocasionarnos problemas serios de los que nos va a ser más difícil salir.

El dolor siempre busca la curación y para llegar a ella encontrará la forma de manifestarse, de hacerse visible para que le hagamos frente. De otra manera, sólo estaremos alargando nuestro sufrimiento, sabiendo que más tarde o más temprano se manifestará y entonces será más complejo. Por tanto, no cabe aquí plantearse si pasar o no el duelo, sino que lo más saludable será pasarlo *cuanto antes* para que no se quede atrapado dentro de nosotros.

Etapas a recorrer:
Los lugares que has de visitar en el camino

El siguiente paso para seguir conociendo el camino del duelo es detenernos un poco en las principales «fases o etapas» del duelo. Lo más importante es que puedas reconocerlas de modo que no te asusten cuando las veas en otro o pases por ellas tú mismo. En realidad se separan y se ordenan en un listado una tras otra sólo para poder entenderlas a nivel teórico, pero realmente, no tienen por qué seguir ese orden lineal, y muchas veces pasamos por esos estados en un mismo día o incluso los sentimos todos a la vez, por lo que no supone un «retroceso» el pasar de la tristeza a la rabia o el que haya algún componente de negación cuando ya han pasado unos meses y crees «que ya habías superado esa etapa».

Cada persona vive su dolor de forma única, por lo que es normal ir dando pasos hacia atrás y hacia adelante a lo largo del camino, la cura no es una línea recta.

¿Pero qué son en realidad estas etapas? Las etapas o fases del duelo son los «lugares psicológicos» por los que vamos a ir pasando a medida que sobrevivimos a la muerte de un ser querido. Estos estados dentro del proceso de duelo son mecanismos de protección que se activan de manera inconsciente ante una situación a la que por su dureza no podemos hacer frente, es decir, «nos protegen de la adversidad», nos permiten que podamos ir haciendo frente a la dura realidad de manera paulatina. Nos cuidan de manera inconsciente para poder soportar lo que está sucediendo.

Estos estados, por tanto, no se pueden considerar negativos sino *adaptativos*, es decir, están al servicio de nuestra supervivencia y se convierten en patológicos cuando nos quedamos enganchados en ellos de manera que nos impiden el contacto con la realidad o derivan en comportamientos inadecuados.

¡ESTO NO PUEDE ESTAR PASANDO!: LA NEGACIÓN

> *(...) Por un momento pensaba que se trataba de una pesadilla, que esto no podía estar pasando. Miraba a mi alrededor y no era capaz de ver con nitidez. Escuchaba las conversaciones de la gente a mi alrededor de forma distorsionada. Mi cuerpo se había paralizado. Trataba de buscar en la cara de la gente una señal pero realmente sus expresiones me confirmaban lo que había sucedido. Hice un par de llamadas para contar lo sucedido, necesitaba que vinieran cuanto antes. No parecía real. No quería que fuese real.*

Estamos hablando de la negación, la primera etapa del camino. La negación es un mecanismo de defensa inconsciente, es decir, se da de manera automática sin que nosotros hagamos nada para que aparezca, cuya principal función es literalmente «sacarnos parcialmente de la realidad para protegernos». Es un refugio, un lugar al que vamos y venimos para poder ser conscientes de lo que está sucediendo. Resulta paradójico ¿verdad?, de alguna manera para poder empezar a aceptar la realidad tenemos que negarla. Esto sucede porque nos resulta tan doloroso e inabarcable que nuestra mente necesita dosificar la «digestión» de lo ocurrido de manera que sólo procesamos lo que vamos siendo capaces de soportar.

No podemos creernos al cien por cien lo que está sucediendo. De esta manera, nos lo repetimos una y otra vez y en esa tarea es donde realmente estamos tomando conciencia de lo que ha pasado. Necesitamos negarlo para poder pensar en ello, para poder estar en contacto con la pérdida, es la manera que tiene nuestra mente de procesar la adversidad en niveles de alta intensidad emocional a los que habitualmente no estamos expuestos.

Mientras estamos en este estado, en el que nos repetimos mentalmente que esto no puede estar pasando, que por qué no se ha podido evitar, etc… estamos iniciando el proceso de reparación, sin saberlo, estamos empezando a curarnos. Progresivamente esta forma de cuestionar *lo que es* va a ir dando lugar a la aceptación del carácter irreversible de la pérdida. La negación ha cumplido su función. Y puede que más adelante, cuando nuestro estado emocional sea otro y andemos en otra parte del camino, vuelva a nuestra mente la pregunta de ¿por qué ha sucedido? O un «todavía me parece mentira» así que no lo juzgues, no lo cuestiones, no te asustes: sólo viene a ayudarte. Sigue siendo doloroso, sólo necesitas por un momento subir de nuevo a tu refugio.

(…) Cuando paso por la puerta de su casa todavía creo que si llamo me va a abrir.

Han pasado sólo unas semanas de la muerte de su hermana, necesita pensar que si llama ella podría estar todavía allí y le abriría la puerta. Necesita verbalizarlo, ponerle palabras a su deseo. Pero no llama, otra parte de sí misma sabe que su hermana no está y en realidad lo que hace es seguir hacia adelante sin intentarlo. Es sólo un pensamiento que sirve como «dosificador» de lo doloroso que resulta pensar que su hermana se ha ido para siempre.

Una vez que el mecanismo de defensa de la negación ha cumplido su función te ha preparado para afrontar los siguientes estados emocionales implicados en el proceso de duelo. Inevitablemente, ahora ya eres un poco más fuerte.

Cabe mencionar en este punto que en ocasiones, previo al mecanismo de la negación, puede darse el «estado de shock». Este estado es esperable cuando la noticia de la muerte es totalmente inesperada, repentina o especialmente traumática. Hay personas que ante el conocimiento de esta noticia entran en una especie de bloqueo emocional del que pueden tardar en salir de unos minutos a varios días. Es como una negación excesiva de la realidad, en lugar de mirarla con distancia para poder ir aceptándola poco a poco como es el caso de la negación, en el estado de shock se da un desbordamiento muy intenso tanto a nivel emocional como a nivel fisiológico que se ve reflejado en una desconexión total de la realidad: las personas pueden quedar en un estado de parálisis sin poder conectar con los que están a su alrededor y también pueden darse reacciones de histeria.

> *(...) estaba con mi niña fallecida en los brazos, me dejaron estar con ella un buen rato y fíjate cómo estaba en ese momento, que cada vez que entraban a la habitación les pedía que cerrasen la puerta inmediatamente porque podría coger frío, aunque ya estaba muerta. Ahora lo pienso y me doy cuenta de que todavía no era consciente de lo que había pasado, aun teniéndola en mis brazos mi realidad era otra. Necesitaba seguir protegiéndola.*

> *(...) fue una guardia difícil, veníamos de atender ya varios avisos cuando entró la llamada de una parada cardiorrespiratoria de un bebé de 4 meses en una guardería. Nos comentan que en el lugar se encuentran los padres, un soporte vital avanzado (una U.V.I móvil) y las cuidadoras. Los padres del resto de los niños ya habían sido avisados para que vinieran a recogerlos lo antes posible. Al entrar nos informan de que el médico lleva practicando la reanimación cardiopulmonar durante más de media hora, técnicamente ya tendrían que haber desistido pero decidieron seguir intentando conseguir el milagro al tratarse de un niño tan pequeño. No fue posible. Aunque fuimos preparando a los padres del terrible desenlace, la mamá seguía en estado de shock. No fijaba la mirada, no nos podía escuchar. Cuando el médico le puso a su bebé en los brazos, ya fallecido, ella sólo quería darle el pecho porque decía que así se curaría. Durante horas quedó atrapada en ese estado con su niño en brazos. Con mucho tacto y sin ser invasivos, tratamos de ayudarla a conectar con la realidad poco a poco. Su marido estaba muy asustado por verla así, también trabajamos con él para que entendiera el proceso que estaba viviendo su mujer y para lo que la estaba preparando. La mujer finalmente rompió a llorar y a gritar con fuerza, en ese momento salió del estado de shock en el que se encontraba.*

Como todos los estados implicados en el proceso de duelo, el shock también nos defiende del dolor. En este caso es tan intenso que nuestra mente necesita literalmente huir y no escuchar lo que ha sucedido. Si el estado de shock no se revierte en los primeros días (en los casos más extremos) hay que acudir al especialista.

¿POR QUÉ?: LA IRA

Este lugar del camino aparece porque nos prepara para poder sostener el resto de emociones que esperan en un lugar más profundo junto a la soledad de la pérdida. El dolor va adquiriendo diferentes formas a lo largo de todo el proceso y, como todos los estados, la ira también es necesaria, nos hace más fuertes al crear una estructura que le da forma: lo dirige hacia un foco.

(...) No entiendo nada, ella era una persona que se cuidaba mucho y siempre ayudaba a los demás. Conozco a mucha gente que va por la vida haciendo daño a otros y andan tranquilamente por la calle, haciendo sus vidas como si nada. No es justo que le haya pasado a ella, no es justo que nos haya pasado a nosotros. No sirve de nada luchar por ser mejor en esta vida, un día lo tienes todo y de repente para quien menos lo merece todo se derrumba.

Depende de cada persona y situación que se dirija a un foco o a otro pero, sea como sea, sólo podemos identificarla, sentirla y expresarla. No puedes sanar lo que no puedes sentir.

La rabia puede estar dirigida a diferentes objetivos:

- A nosotros por no habernos dado cuenta antes, por no haber hecho algo, por no haber podido evitarlo (muy frecuente en rupturas).
- A nuestro ser querido por no haberse cuidado, por no haberse puesto a salvo, por no haber pedido ayuda antes, por habernos abandonado, etc.
- A los médicos, la policía, los bomberos, a los responsables políticos, etc., por no haber actuado más rápido, por no haber puesto más medios, por haber cometido algún error.
- A la Naturaleza, al Universo, a Dios.

> *(...) Si existiera un Dios bondadoso no habría permitido que le pasara eso a él, era un hombre que rezaba mucho, que ayudaba todo lo que podía a los demás. Ahora me da mucha rabia pensarlo pues no le ha servido de nada, me enfada mucho cada vez que me dicen que tengo que tener fe, no lo soporto, no soporto que me hablen de esto y no sé si algún día volveré a confiar y a creer como lo hacía antes.*

Necesitamos entenderlo, atribuir la responsabilidad a «algo» o a «alguien», estamos enfadados porque no hay nada que hacer, porque en realidad ni siquiera culpar nos va a devolver a nuestro ser querido, nuestro pasado o nuestra relación. Pero la rabia alivia, nos da cierta sensación de control, nos permite ventilar un poco el dolor, nos ayuda a darle forma. Es una de las primeras paradas que encontraremos en el camino del dolor.

Muchas veces la ira también se vuelca en las personas que no han estado a nuestro lado, que nos han abandonado. Esto también se ve de manera frecuente en casos de duelo, como veremos más adelante, las personas cercanas a veces no saben cómo acompañar en este camino, no quieren o les hace sentir vulnerables, por lo que en ocasiones se alejan y tenemos que seguir el recorrido sin su apoyo.

Es importante trabajar en este sentido, si estamos cerca de alguien que ha sufrido una pérdida o una ruptura y queremos estar a su lado, ser un compañero que alivie su dolor, tenemos que permitir que se exprese, que hable sobre todo lo que le enfade, sin juicios, validando su emoción. La ira no tiene que ser ni justa ni realista, sólo es un mecanismo de defensa, de protección. Para que cumpla su función tenemos que identificarla, sentirla y expresarla, nunca silenciarla, aunque sea incómoda, porque debajo de la rabia está el amor que sentimos por nuestro ser querido.

Como doliente también es importante que puedas expresar tu ira abiertamente de modo que no la reprimas, pero que lo hagas adecuadamente para no hacer daño a la gente que te acompaña. Muchas veces cuando estamos en esta etapa se pierden muchos apoyos y es precisamente a partir de este momento cuando más los vamos a necesitar. Es esencial buscar la manera de hablar adecuadamente sobre las cosas que nos enfadan para poder fluir con el proceso y seguir avanzando con apoyo.

¿Y SI ...? OJALÁ NO HUBIERA PASADO: NEGOCIACIÓN

Esta parte del camino es una de las más desconocidas. La negociación es otra forma de aliviar parcialmente el dolor, para ello, nuestra mente trata de fantasear con la idea de que esto se podría haber evitado.

Pasamos tiempo imaginando cómo hubiera sido todo si la enfermedad o el accidente se hubieran podido evitar y aunque sabemos que esto no es real ni posible, por momentos podemos hacer «como si no hubiese pasado». Pensar en qué le diríamos si volviésemos a verle o cómo celebraríamos la vida juntos, qué bien se sentiría si pudiésemos abrazarnos de nuevo o conectar con la culpa por las veces que hemos discutido o perdido el tiempo.

> *(...) Si hubiera estado más pendiente de ella... tendría que haberme dado cuenta de que no se sentía bien. Si la hubiera llevado al médico antes quizás el tratamiento habría funcionado y ella estaría aquí.*

La negociación trata de volver atrás y buscar el cambio que hubiera evitado la tragedia. En las rupturas sentimentales aparece en forma de reproches, crítica y culpa. El sinónimo de la negociación es el «tendría que haber hecho algo para evitarlo o no tendría que haber dicho o hecho tal cosa». También el «ojalá no hubiera cogido el tren ese día, ojalá le hubiera entretenido para no haberse cruzado con ese conductor», «ojalá hubiera ido al médico antes, quizás así se habría podido salvar».

Al final, y de la misma manera que sucede con la ira, nos encontramos con la dura realidad y es que nuestro familiar ya no está o nuestra relación se ha roto para siempre. Gracias a este mecanismo inconsciente podemos seguir caminando en el proceso de adaptación a la pérdida. Te vas a dar cuenta de que estás negociando y esto no supone «estar distorsionando la realidad» o «estar volviéndose loco», sino todo lo contrario, quiere decir que estás dosificando el dolor, que tu mente lo está procesando poco a poco hasta poder aceptarlo.

> *(...) después del fallecimiento de mi marido en un accidente de tráfico tanto mi hijo como yo nos quedamos desolados. Él tenía sólo 10 años y era un niño muy sensible, yo hacía lo posible porque no me viera siempre triste, pero la verdad, me costaba mucho fingir que todo estaba bien. Un día volvíamos del colegio, íbamos hablando de lo que había hecho durante el día en clase y cuando estábamos entrando en el portal me dijo: «mamá, voy a inventar una máquina del tiempo para volver atrás y hacer que papá no hubiera tenido*

el accidente». *Se me cayó el alma a los pies. Ahora entiendo que mi hijo con ese comentario estaba «negociando mentalmente», su pequeño cerebro necesitaba jugar y fantasear con esta idea para poder sostener el dolor y aceptar que había perdido a su papá.*

EL VACÍO: DEPRESIÓN

(...) no tengo ganas de salir, ahora empiezo a darme cuenta realmente de que ella no está en casa, me dicen que tengo que rehacer mi vida y seguir adelante pero no tengo ánimo, nada me llena, todo lo asocio a ella, en cada cosa que me encuentro, está en todos los lugares. Me molesta que la gente siga su vida con normalidad, que todo siga hacia adelante sin ella. Mi vida se ha parado en seco, no podré volver a ser feliz, de hecho, no quiero ser feliz.

La depresión es la etapa del camino que más fácilmente identificamos pero ya sabemos que no es la única. Normalmente llega para quedarse por un tiempo después de la negociación, pero ya sabemos que sentimos tristeza a lo largo de todo el proceso y que estas etapas no se viven de forma pura, de modo que podemos sentir otras emociones de manera intercalada. Conectar con la tristeza y con el vacío de la pérdida es lo más difícil de sostener, por eso no se instala de lleno en nosotros hasta que no estamos lo suficientemente preparados a nivel psicológico.

Es importante aclarar que no es una depresión clínica, sino un profundo sentimiento de tristeza. Es la cara más dura del dolor, a través de ella entramos en contacto con el momento presente, con el vacío y la soledad de la pérdida.

Muchas personas cercanas se preocupan porque creen que estar triste o deprimido es lo mismo que padecer una depresión y no es así, no así en el proceso de duelo normal. La depresión es una de las caras del duelo, es necesario sentirnos tristes ya que hemos perdido a alguien muy valioso en nuestras vidas y con él además ha habido muchas más pérdidas, las llamadas «pérdidas secundarias».

Para entender esto mejor, cuando alguien importante en nuestras vidas muere, con él mueren muchos sueños por cumplir, experiencias compartidas, etc. Hemos perdido mucho, nuestra vida ha cambiado radicalmente y ya no contamos con su apoyo en todos los sentidos: el rol que cumplía en nuestras vidas, las gestiones y tareas de las que se encargaba, todo lo que nos aportaba, lo que hacíamos juntos y lo que nos quedaba por hacer. Es en este periodo de tristeza en el que más conscientes somos de la ausencia y de que la situación es irreparable. Por ello, es la etapa más dura y profunda del proceso, las anteriores etapas nos estaban preparando para poder entrar en contacto con esta realidad con la mayor fortaleza posible y ahora toca parar.

Este estado pide «dolerse», nos pide hacer un alto en el camino en el que poder mirar hacia dentro y sentir el dolor por la pérdida. Es una etapa muy importante que debemos aceptar y respetar, de no hacerlo, no estaremos en contacto con el vacío de la pérdida y viviremos intentando engañar a esa parte de nosotros que nos habla de lo que hemos perdido. Además, intentaremos llenar ese vacío de maneras inadecuadas pues, realmente, nunca podrá ser llenado, sólo puede ser sentido y expresado. Para poder trascender esta parte del duelo tenemos que sentirlo, permitirlo, escuchar nuestro corazón y rodearnos de todo el apoyo que podamos, pues es una etapa muy dura en la que el dolor nos muestra su parte más profunda.

> *(...) todos están encima de mí buscándome planes que hacer y la verdad que me siento muy mal por ellos pero realmente no tengo ganas ni de respirar, todo me molesta, sólo quiero estar en casa. No me apetece salir ni coger el teléfono, no me interesa nada de lo que me cuenten y tampoco tengo nada que contarles yo. Estoy muy triste, mi vida ya no tiene sentido y no tengo fuerzas. Me angustia pensar en el futuro sin él, qué va a ser de mí. Ya no podremos hacer nada de lo que teníamos planeado, todo se ha perdido para siempre.*

Dentro de la sociedad en la que vivimos la tristeza es una emoción que no se tolera bien, estamos rodeados de estímulos que nos impiden hacer duelos y conectar con las sensaciones tan desagradables que estos nos producen. La gente a nuestro alrededor va a intentar impedir este parón e intentarán disuadirnos de él, intentarán «sacarnos» literalmente de este estado diciéndonos que «tenemos que seguir adelante», que «tenemos que hacer por vivir», que a nuestro ser querido no le gustaría vernos tristes... generándonos un sentimiento de culpa innecesario. Para sobrevivir y trascender verdaderamente esta profunda tristeza ya conocemos el camino. Sabemos que es muy difícil acompañar a la gente que queremos cuando se encuentran así, tenemos miedo de que se queden «estancados» pero sólo necesitan llorar y procesar la pérdida, sienten que su vida ahora mismo no tiene sentido sin la persona que ya no está y si estamos a su lado respetando y honrando este proceso un día podrán llegar a aceptarlo de una manera sana.

TOMA DE CONSCIENCIA: LA ACEPTACIÓN

La aceptación, como el resto de etapas del camino, tampoco se experimenta de una forma pura. Es, si cabe, la etapa que más rechazo nos causa porque la palabra «aceptar» se confunde con «estar de acuerdo» o «tener que sentirte bien por ello», y realmente no es así.

Aceptar la muerte de una persona importante en tu vida o aceptar la separación de quien fue tu compañero de vida se refiere más bien a «ser conscientes de la realidad» y que no permitimos que esa realidad destruya nuestra vida resistiéndonos a ella.

Ser consciente significa que ya «entiendes» que esa persona no está y que no puedes esperar que vuelva, ahora sólo puedes evocar su recuerdo. Hasta ahora y para poder sobrevivir a ello, tu mente te ha ido dando treguas a través de otras emociones que estaban más presentes, que tenían más fuerza, pero ahora y una vez que las has transitado pasando por ellas «con los dos pies», con todos tus sentidos, ya eres lo suficientemente fuerte para poder tener una plena comprensión de la pérdida.

> (...) estoy mucho peor que estos meses de atrás, cada día que pasa noto más su ausencia, esto es horrible. Pero ahora sé que hay algo que ya he superado: ya no le espero, ya sé que no va a llegar. Desde que mi marido murió hace 6 meses y hasta hace muy poco, cada vez que escuchaba el sonido del ascensor mi cuerpo y mi mente se ponían en alerta, gran parte de mi ser creía que saldría de ese ascensor y entraría por la puerta, era algo muy curioso que me ha estado pasando todo este tiempo y me pasaba de forma automática. Ha sido así durante estos meses pero ahora ya no me pasa. Ya no le espero. Esa sensación se ha desvanecido. Ahora sé que él ya no va a venir y siento que mi cuerpo también lo sabe porque ya no se pone en alerta. Eso ya no me pasa.

Como vemos en el fragmento del relato de esta mujer que está en duelo por la muerte de su marido, también «la aceptación de la pérdida o el ser conscientes de ella» se va dando poco a poco y van apareciendo destellos de ella desde los primeros meses, pero se coloca teóricamente «a final del camino» porque es, tras el paso del tiempo y tras transitar otros lugares emocionales, cuando podemos empezar a ser plenamente conscientes de lo que hemos perdido.

Cuando ha pasado el tiempo y hemos ido experimentando el resto de etapas, estamos más preparados para saber qué significa realmente la pérdida a todos los niveles. Nuestro cerebro deja ya de resistirse a ella y podemos decir que hemos «sobrevivido» al dolor más intenso sabiendo lo que esto significa.

No hubiera sido posible sin negar el hecho de alguna manera, enfadarnos con alguien porque ha pasado y no se ha podido evitar, fantasear con la idea de cómo sería si esto no hubiera sucedido y entristecernos mucho tras ver que todo lo anterior no ha podido conseguir que nuestro ser querido no esté ya entre nosotros.

La comprensión de la pérdida te ayuda a hacer los cambios internos necesarios para poder seguir adelante sin esa persona, por eso podemos decir que las pérdidas no se superan sino que se sobrevive a ellas. Todo lo que hemos pasado ha sido necesario y nadie nos lo «debe» evitar. Nuestra mente ha necesitado recomponerse y aprender a vivir de forma diferente y esto no puede hacerse rápido y sin dolor.

Otro proceso importante que emerge cuando ya llevamos tiempo en este camino es el cambio en nuestra relación con la persona fallecida, pasando de ser una relación física a una *relación simbólica.*

Ya no podemos hablar con ellos o verlos de nuevo, pero siempre podremos recordarlos en nuestra mente y tenerlos presentes en nuestro corazón, porque nadie puede quitarnos la libertad de recordar y seguir vinculados desde el alma a las personas que amamos, ni siquiera la muerte.

Este es el relato que nos deja el psiquiatra Viktor Frankl de lo que sintió mientras estaba preso en un campo de concentración nazi:

> *(...) Sólo sabía una cosa, algo que para entonces ya había aprendido bien: que el amor trasciende la persona física del ser amado y encuentra su significado más profundo en su propio espíritu, en su yo íntimo. Que esté o no presente, y aun siquiera que continúe viviendo deja de algún modo de ser importante. No sabía si mi mujer estaba viva, ni tenía medio de averiguarlo (durante todo el tiempo de reclusión no hubo contacto postal alguno con el exterior), pero para entonces ya había dejado de importarme, no necesitaba saberlo, nada podía alterar la fuerza de mi amor, de mis pensamientos o de la imagen de mi amada.*
>
> Viktor Frankl, «El hombre en busca de sentido» (1946)

Una vez que hemos llegamos a esta parte del camino encontramos el *crecimiento postraumático.* La experiencia más dura que podemos vivir los seres humanos ha pasado por nosotros y nos ha dejado mucho dolor pero también grandes aprendizajes. Nuestra manera de estar y relacionarnos en el mundo ha cambiado, la herida ha sanado y lo que queda ahora es una cicatriz psicológica que refleja el camino que llevamos andado porque afrontar el duelo también deja una huella positiva en nosotros, cambia el sentido que le damos a la vida, nuestras prioridades, la forma en la que nos relacionamos. El crecimiento tras la pérdida nos ha hecho ser más fuertes y más sensibles, hemos sido capaces de seguir adelante sin nuestro ser querido, hemos sido resilientes y ahora el amor es más fuerte que el dolor y podemos sentirnos afortunados y agradecidos porque haya formado parte de nuestras vidas.

El dolor es inevitable

NO TE RINDAS

*No te rindas, aún estás a tiempo
de alcanzar y comenzar de nuevo,
Aceptar tus sombras
Enterrar tus miedos,
Liberar el lastre
Retomar el vuelo.*

*No te rindas que la vida es eso,
Continuar el viaje, perseguir tus sueños,
Destrabar el tiempo,
Correr los escombros,
Y destapar el cielo.*

*No te rindas, por favor, no cedas
Aunque el frío queme
Aunque el miedo muerda,
Aunque el sol se esconda
Y se calle el viento
Aún hay fuego en tu alma
Aún hay vida en tus sueños.*

*Porque la vida es tuya
Y tuyo también el deseo
Porque lo has querido
Y porque te quiero
Porque existe el vino y el amor es cierto
Porque no hay heridas que no cure el tiempo*

*Abrir las puertas, quitar los cerrojos,
Abandonar las murallas que te protegieron,
Vivir la vida y aceptar el reto,
Recuperar la risa,
Ensayar un canto,
Bajar la guardia y extender las manos
Desplegar las alas e intentar de nuevo,
Celebrar la vida y retomar los cielos.*

*No te rindas, por favor no cedas,
Aunque el frío queme,
Aunque el miedo muerda,
Aunque el sol se ponga y se calle el viento,
Aún hay fuego en tu alma,
Aún hay vida en tus sueños
Porque cada día es un comienzo nuevo,
Porque esta es la hora y el mejor momento.
Porque no estás solo, porque yo te quiero.*

Mario Benedetti

La función de la tristeza en el duelo

La tristeza es una emoción primaria que forma parte de nuestra estructura biológica, como el resto de las emociones. El hecho de que estemos diseñados así y que nos sintamos tristes sin nuestra intervención consciente nos da una pista de la relevancia que tiene en nuestra especie. Además, otras especies animales también disponen de esta emoción, por lo que nos da más pistas de que resulta vital para la supervivencia.

Las emociones son reacciones automáticas que se dan a nivel corporal, mientras que los sentimientos son expresiones mentales más conscientes y elaboradas, donde las emociones se mezclan con los pensamientos. Ambos, emociones y sentimientos, están encaminados a que nos hagamos cargo de una situación para así poder resolverla y volver al equilibrio o bienestar general.

El problema de la tristeza, como también sucede con otras emociones como el miedo o la rabia, es que nos generan sensaciones físicas y psicológicas desagradables, por lo que han sido clasificadas erróneamente en ámbitos coloquiales como «emociones negativas,» pero realmente no es así, y la manera de clasificar correctamente las emociones es como «adaptativas» o «desadaptativas» y no como «emociones positivas o negativas». Todas las emociones son adaptativas siempre y cuando se den ante las situaciones oportunas, se sientan y se expresen correctamente.

Ante la pérdida de un familiar al que queríamos mucho la emoción coherente y por tanto, adaptativa o sana, es la tristeza, y no la alegría, por ejemplo.

Entonces, aunque sentirnos tristes sea desagradable, entendemos que la función de la tristeza es ayudarnos a llorar y a expresar el dolor que nos supone esta situación. De no ser porque existen las emociones, el dolor quedaría atrapado en nuestro cuerpo sin la posibilidad de ser exteriorizado causándonos un dolor más fuerte y generando consecuencias adversas a otros niveles, como pueden ser: dolor físico, enfermedades y/o comportamientos inapropiados que a su vez acarrearían más consecuencias negativas y aumento del malestar.

Por ello, es importante permitirnos sentir emociones de forma coherente sin culpabilizarnos ni juzgarnos y utilizar los mecanismos biológicos y psicológicos de expresión emocional de los que disponemos como especie para que las emociones cumplan su función y nos ayuden a adaptarnos a las situaciones adversas.

Es muy importante que leamos y conozcamos cómo funcionan nuestras emociones para poder usarlas a nuestro favor y no impedir conscientemente que cumplan su función. La información es poder, y así podemos reducir mucho nuestro sufrimiento y el de las personas que amamos.

Una de las funciones de la tristeza, además de guiarnos por el camino de la aceptación de la pérdida, aunque sea doloroso, es la función social. Las manifestaciones de la tristeza están encaminadas a llamar la atención de las personas de nuestro alrededor de manera que podamos recibir su apoyo.

Cuando vemos a una persona triste todos sentimos casi de manera automática compasión y un intenso deseo de ayudar. Por tanto, reprimir o esconder la tristeza es también impedir la posibilidad de que los demás puedan tendernos una mano y ayudarnos a sobrellevar esta situación. Muchas veces es suficiente con permitir que nos muestren el amor o el cariño que sienten por nosotros, nos consuela saber que hay alguien ahí que te entiende y sabe por lo que estás pasando.

El apoyo social es muy importante, de hecho, ya hay investigaciones que han probado su eficacia en la reducción del estrés y también podemos observar este hecho en los animales también hacen uso de la parte social de la tristeza y se consuelan a través de su repertorio de conductas, y probablemente, ningún animal se avergüence de recibir el acompañamiento de otros animales. Cuando se sienten tristes lo reflejan en su mirada, en su comportamiento, «no disimulan,» de modo que mandan señales a otros para que puedan actuar y desplegar sus habilidades de acompañamiento y apoyo en momentos críticos. En la naturaleza y a través de la observación de las distintas especies es donde muchas veces los humanos encontramos la sabiduría y la manera correcta de actuar.

La sociedad que huye del dolor

El dolor es algo universal, pero dependiendo de las normas de cada cultura va a estar más o menos permitido a nivel social.

En la antigüedad existían culturas que trataban estas emociones de manera abierta, culturas en las que la tristeza estaba totalmente normalizada y se realizaban ritos y ceremonias que ayudaban y facilitaban su expresión.

Como ejemplos encontramos el papel de las «Plañideras» en la antigua Grecia, que eran mujeres a las que se les pagaba por llorar y dramatizar en los funerales. Su trabajo consistía en ayudar a romper a llorar y expresar su tristeza a los familiares del difunto. También se han encontrado personas que llevaban a cabo estas actuaciones en el arte egipcio. Según los estudios que hay al respecto, las plañideras tienen su origen en el pueblo hebreo, en el que a estas mujeres se les llamaba «lamentatrices». Las lamentatrices llevaban un vaso en el que recogían sus lágrimas como forma de visibilizar y simbolizar la tristeza.

Con el paso del tiempo las figuras de las plañideras o lamentatrices ha ido desapareciendo o tomando formas más discretas, y aunque se siguen realizando celebraciones y ritos funerarios, desgraciadamente, la tendencia es cada vez a hacerlos más discretos y a disfrazar más el dolor.

En una de las culturas en las que todavía actualmente se hace uso de la dramatización como función de expresión emocional de una manera intensa y abierta es en la cultura gitana. Como vemos, este tipo de actos históricamente han sido llevados a cabo por mujeres, y también en la raza gitana son las mujeres de la familia las que expresan de manera intensa la desolación de la pérdida y de alguna manera ayudan a que el resto de dolientes puedan dar rienda suelta a su dolor. En este caso, la diferencia es que ellas son dolientes reales y en el caso de las plañideras o lamentatrices eran personas ajenas al fallecido y eran llamadas para llorar y expresar dolor enérgicamente de forma «profesional» en los funerales de la zona.

Antes, los duelos se expresaban más y por más tiempo, la familia prácticamente interrumpía su vida social, se vestía de negro durante años y la tristeza se instalaba en las familias casi de forma permanente. A través de las historias que nos van contando nuestros familiares podemos conocer cómo se vivían los duelos en nuestra sociedad hace algunos años y advertir las enormes diferencias. Todo giraba en torno al duelo: cuando un familiar moría, todos los demás, niños incluidos, veían cambios drásticos en sus vidas por muchos años. Ya no se podía salir a pasear y las celebraciones como bodas, comuniones, etc... en los siguientes años, no se podían hacer con alegría y se sustituían por ritos más discretos, etc. Todo se teñía de negro. Esto se refleja muy bien en la obra de García Lorca, «La casa de Bernarda Alba».

Si bien es cierto que la evolución en este sentido ha sido positiva y ya el tiempo en el que «nos apartamos» de la vida social es menor o seguimos vistiendo con normalidad a pesar de sentirnos muy tristes, es verdad que también hemos ido descuidando el tiempo y la forma de gestionar la tristeza y quizás hemos pasado al otro extremo. Nos obligamos a estar bien enseguida, a continuar con nuestra vida como si nada hubiera pasado, y el hecho es que sin tristeza y sin duelo las comunicaciones entre nosotros se tornan más superficiales, escondemos nuestros verdaderos sentimientos y «obligamos» a nuestro cuerpo a que encuentre otra manera de expresarlos.

Es clave que entendamos que la tristeza es la emoción que más nos lleva a la reflexión y gracias a esta podamos analizar la situación en la que nos encontramos y hallar así la manera de actuar como sea necesario.

Como hemos visto al inicio de este libro, cuando sufrimos una pérdida nuestro mundo se derrumba como si de un terremoto se tratara, y una vez que somos conscientes de esto y nuestra mente nos ha preparado lo suficiente, nos encontramos con la tristeza de forma más directa, y es ahí donde realizamos el análisis para llevar a cabo los ajustes y cambios necesarios que tenemos que hacer en nuestra vida sin nuestro ser querido.

Si reprimimos este proceso reflexivo vital estamos poniéndonos en peligro y bloqueando nuestros sistemas de ayuda tanto internos como externos. En algún momento vamos a necesitar estar enfocados en nuestra tristeza y situación actual y esto sólo se puede hacer si nos «apartamos temporalmente» de otros estímulos y situaciones.

En este punto es necesario observar comportamientos que pueden aparecer para impedirnos sentir nuestra tristeza y que tenemos que advertir para que no nos confundan y nos hagan más daño. Algunos de los más habituales pueden ser volcarse demasiado en el trabajo, comprar o comer de manera compulsiva, beber o recurrir a sustancias que «anestesien» nuestro dolor, tratar de ofrecer una imagen poco coherente con lo que sentimos en realidad a través de lo que le contamos a la gente o en las redes sociales, etc. A veces, estas conductas son fácilmente identificables, pero otras veces se muestran de manera más sutil y para identificarlas te puede ayudar preguntarte si una vez que lo haces te sientes mejor verdaderamente o si es sólo un alivio momentáneo. Otra de las características de las conductas que nos distraen y nos protegen de la tristeza es que una vez realizadas casi siempre nos sentimos culpables por ello.

(...) Empecé a sentir que me hacía ilusión ir de compras, era de las pocas cosas que me distraían y me ayudaban a desconectar después de que mi marido se fuera de casa. Nada de lo demás conseguía que pudiera parar este dolor. Era como vivir permanentemente con un puñal clavado en el pecho. Al principio era algo puntual, pero poco a poco fue a más. Llegó

un día en el que había más cosas con etiqueta en mi armario que sin ella y me di cuenta de que la mayoría de las cosas que compraba luego ni me las ponía. Pero pasaron años hasta que pude verlo. Creo que era una manera de consolarme, de consentirme, de tener control. Siempre era igual, por ejemplo, se me metía en la cabeza que me tenía que comprar un bolso porque ese era diferente a todos los que ya tenía y hasta que no me lo compraba no paraba, era casi obsesivo. Después, me sentía fatal por haberme gastado tanto dinero cuando había otros gastos más necesarios, pero no podía evitarlo.

Este es sólo un ejemplo de una paciente que trató, de manera inconsciente, de tapar el dolor por la separación a través de las compras compulsivas, pero hay muchas formas más de hacerlo. En la mayoría de los casos el problema por el que un paciente acude a la consulta de un psicólogo sólo es un síntoma de un problema mayor. Debajo de estas compras compulsivas se encuentra la crudeza del dolor por la pérdida y una persona gritando silenciosamente ¡ayuda!

Dolor vs sufrimiento

«El dolor es inevitable, pero el sufrimiento es opcional». Esta frase cada vez se escucha más, pero realmente para poder entenderla necesitamos conocer qué ocurre en el paso de la estación del dolor a la estación del sufrimiento.

El dolor es algo que escapa a nuestro control, no lo podemos evitar. Dolor puede ser sinónimo de la pena que sentimos por la pérdida, muerte, ruptura, accidente, enfermedad… No podemos evitar que puedan suceder alguno de estos acontecimientos a lo largo de nuestra vida, por lo que no podemos evitar sentir el dolor que nos causan, no podemos evitar que nos sucedan en la vida cosas/acontecimientos que DUELEN. Por esto, decimos que «el dolor es inevitable», porque si pudiéramos evitarlo, lo haríamos, ¿verdad?, ¡qué más quisiéramos nosotros!

Pero quizás lo entendamos mejor con un ejemplo: si cruzas una calle y sufres un atropello, va a ser una experiencia muy dura y vas a sentir mucha pena por lo que ha pasado, pero no se podía haber evitado, porque de haber estado en tus manos, lo hubieras hecho. Nos cuesta mucho aceptar este tipo de hechos, nos cuesta mucho aceptar que a veces en la vida pasan cosas muy dolorosas que no están en nuestras manos. La muerte, las rupturas o la enfermedad son inevitables, ya que suceden por una serie de variables que escapan a nuestro control.

Entonces, lo que convierte el dolor natural por lo que ha sucedido en SUFRIMIENTO es nuestra RESISTENCIA a aceptar lo sucedido. Esta es la estación intermedia que no está tan accesible o que no nos cuentan cuando se habla del sufrimiento.

Siempre pensamos que ha sido culpa de alguien, y en muchos casos, de nosotros mismos. Esto se ve reflejado en los: «podría haberlo evitado», «si hubiera mirado mejor no habría cruzado en ese momento», «tendría que haber salido más tarde de casa» o «soy un inútil por no mirar», «soy demasiado despistado, por eso me pasan las cosas que me pasan», «tendría que haberme dado cuenta de que ese conductor iba muy rápido»... incluso nuestros seres queridos también pueden tener sus propios pensamientos resistentes: «si le hubiera entretenido un poco más no habría coincidido con esa persona», «tendría que haberle advertido de que fuese con más cuidado», es mi culpa/es su culpa, ¿te suena?

Podríamos poner un largo etcétera de frases que seguro que te dices en tu diálogo interno cuando sucede algo desagradable en tu vida o en la de la gente que te importa, y que no son más que resistencias a lo que ha ocurrido y no se puede evitar por eso mismo, porque ya ha ocurrido.

Nos enredamos en pensamientos que nos proporcionan una falsa sensación de control para poder asimilar la realidad pero la muerte y muchos de los demás sucesos dolorosos de la vida son inevitables, y en la mayoría de los casos, nadie es culpable de ellos. Normalmente se dan por una serie de variables relacionadas entre sí que escapan a nuestro control y quedarnos estancados en la culpa o en la búsqueda de culpables nos impide seguir adelante y encontrar paz interior.

La RESISTENCIA multiplica el dolor natural que sentimos, por eso se dice que el sufrimiento «es opcional o evitable», porque podemos reducir el número por el que multiplicamos en esa fórmula. Cuanto menos pensamientos resistentes tengamos, menor grado de sufrimiento ante los acontecimientos dolorosos.

DOLOR x RESISTENCIA = SUFRIMIENTO

Entonces, parece importante identificar bien este tipo de pensamientos para que cuando nos descubramos poniendo nuestra atención en ellos podamos detenerlos y cambiarlos por otros más ajustados a la realidad (y más amables con nosotros mismos).

Es importante que sepamos que todos, en mayor o menor medida, tenemos este tipo de charla interna, por lo que no hay que obsesionarse con ello, más bien de lo que se trata es de ser conscientes de que este tipo de pensamientos y creencias aparecen por nuestra mente casi de manera automática, nos hacen mucho daño, multiplican el dolor que ya de por sí nos ocasionan ciertas circunstancias de la vida, de las que nadie estamos exentos y que pueden ser modificadas por nosotros mismos, es decir, que aparezcan casi de forma automática en nuestra mente no significa que sean fijas o no podamos tener control sobre ellas. Entender esto es muy importante porque nos da el poder de cambiarlas y elegir una manera más respetuosa y amable (dentro de la dificultad) de interpretar la situación.

Tips para identificar/detectar los pensamientos resistentes:

- Vienen para hacernos creer que se puede modificar el pasado, por eso se manifiestan en modo condicional: si hubiera.... tendría que... debería haber...
- No nos cuentan la verdad de lo que ha pasado de forma rigurosa, siempre sesgan la información haciendo hincapié o teniendo en cuenta sólo una parte o los aspectos que están al servicio de ellos.
- Pueden aparecer formulados de forma positiva o negativa: «no tendría que haberle dicho que se fuera de casa» o «tendría que haber sido más cariñosa estos últimos meses».
- También aparecen en forma de creencias autorreferenciales: soy yo la culpable de esta situación, soy demasiado descuidado, soy torpe, etc...
- Son culposos, no reparten la responsabilidad entre todos los participantes o entre todas las variables que pueden haber contribuido a la ocurrencia de la situación sino que tienden a «asignarnos» a nosotros o a otra persona toda la carga: fue mi culpa/fue su culpa porque tendría que haberme/haberse dado cuenta de que no se encontraba bien, soy yo el que estuve a mis cosas y no le presté la atención que necesitaba.
- No nos alivian, aparecen formando un bucle del que nos es difícil salir y hacen que cada vez incluso nos sintamos peor, por tanto, son pensamientos inútiles que no nos conducen a resolver nada.

- Cuando expresamos alguno de ellos la gente normalmente reacciona diciéndonos que no es nuestra culpa o nos advierten de que estamos siendo demasiado duros con nosotros mismos o con la otra persona.
- A veces sólo preguntarnos ¿por qué? hace que nos instalemos en la resistencia.

La resistencia hace su función, que como ya sabemos, en un principio puede ser el alejarnos un poco de la pena que nos hace sentir la pérdida, pero no debemos quedarnos mucho tiempo ahí.

No tenemos la culpa de que nuestro ser querido haya fallecido o de que nuestra pareja nos haya abandonado, nosotros no queríamos que pasara eso, posiblemente si nos hubiéramos esforzado más o hubiésemos estado más atentos, la situación igualmente habría ocurrido y en lo único sobre lo que tenemos control es sobre cómo enfocamos nuestra vida a partir de este momento. Es nuestra vida, nadie más va a poder hacer ese trabajo por nosotros. Podemos dejarnos ayudar, la contribución de las personas que nos quieren, de los profesionales, de los libros, de los testimonios de otros seres humanos que han pasado por algo parecido son muy importantes; pero si nosotros no pasamos de la culpa a la responsabilidad y decidimos qué hacemos con ese dolor, va a ser muy difícil sobrellevarlo y puede ocasionarnos esa dosis letal de sufrimiento que realmente sí es evitable.

Ser resistente no es sinónimo de ser fuerte, ser fuerte es sinónimo de ser resiliente. Muchas personas que vienen a terapia por un duelo enquistado por alguna pérdida, ya sea por muerte, por ruptura o por pérdida de la salud, traen subyacente un diálogo resistente ante lo sucedido que les hace mucho daño y que es el responsable de su sufrimiento. Trabajar con los pensamientos resistentes es clave para aliviar el sufrimiento de las personas y hacer que el dolor que sienten por la pérdida sea más soportable y puedan seguir desarrollando su proceso de adaptación psicológica y emocional a la nueva situación. A veces sólo conocer esta información ya es suficiente para mejorar tu experiencia interna, pero si no es así es algo que se puede aprender de la mano de un profesional de la psicología y que te puede ayudar a desbloquear el nudo emocional que generan este tipo de pensamientos negativos.

(...) «Al hombre se le puede arrebatar todo salvo una cosa: la última de las libertades humanas- la elección de la actitud personal ante un conjunto de circunstancias- para decidir su propio camino. Cada momento es una elección. Por muy frustrante, aburrida, limitadora, dolorosa u opresora que sea nuestra experiencia, siempre podemos decidir cómo reaccionar. Y por fin empiezo a entender que yo también puedo decidir. Darme cuenta de esto cambiará toda mi vida».

Edith Eger, La bailarina de Auchswitz

3. Duelo y apego

En este capítulo vamos a hablar del apego como concepto fundamental a la hora de entender las diferentes formas que tenemos de reaccionar y de vivir los procesos de duelo/separación.

Pero, ¿qué es el apego y por qué es tan importante? Al igual que tenemos necesidades biológicas, también tenemos necesidades afectivas y de vinculación que nos ayudan a adaptarnos al entorno en el que vivimos y que son tan importantes para la supervivencia de la especie como las primeras.

El apego, por tanto, es la manera que tenemos de crear vínculos emocionales y empieza a configurarse a través de las relaciones con nuestros familiares y personas cercanas desde edades muy tempranas. Esto no quiere decir que sólo tengamos un estilo de apego único o que no se pueda modificar a lo largo de nuestra vida, todos tenemos una forma de vincularnos que nos caracteriza en términos generales, pero no sólo depende de nuestro estilo de apego sino que también va a depender de las características de las personas con las que nos relacionamos, siendo a veces diferente con unas que con otras. El tipo de apego no es fijo, puede cambiar a través del vínculo terapéutico o a través de otras relaciones sanas con personas significativas a lo largo de nuestra vida.

¿Cuáles son las bases de un apego seguro?

Dependiendo de cómo se vinculen con nosotros las figuras principales de apego, especialmente nuestros padres, iremos generando una idea sobre nosotros mismos, los demás y sobre las relaciones entre las personas que va a hacer que tengamos un determinado concepto del mundo y de las relaciones con los demás, más o menos confiable, dependiendo del tipo de apego que se haya creado.

Para establecer una relación basada en el apego seguro, los padres deben cuidar y atender los siguientes aspectos durante la crianza:

- Presencia, disponibilidad, sensibilidad y atención genuina.
- Cubrir las necesidades tanto físicas como afectivas.
- Crear un ambiente de seguridad y protección.
- Capacidad para regular las emociones.

¿Por qué hay personas a las que les cuesta más que a otras elaborar las pérdidas?

Dependiendo del estilo predominante de apego que tengamos nos vincularemos con los demás de una determinada manera y viviremos y reaccionaremos ante los procesos de duelo de forma distinta.

Determinadas experiencias, especialmente las vividas en edades tempranas, van a hacer que nuestro estilo de apego no tenga una base segura y que seamos más dependientes o tengamos una tendencia a hacer un duelo patológico. Este tipo de experiencias pueden ser, por ejemplo, haber sufrido un abandono temprano, haber vivido en un entorno poco seguro en el que la emoción predominante haya sido el miedo o haber tenido relaciones ambivalentes en las que nunca se sabe qué esperar o que han generado desconfianza.

Las personas que no han podido establecer un apego seguro suelen ser más dependientes emocionalmente en la edad adulta. En estos casos, les va a ser más difícil superar la pérdida y manejarse ante los procesos de duelo porque les cuesta más dejar ir y sufren mucho en sus relaciones de pareja. La dependencia emocional es uno de los problemas que más nos encontramos en la consulta y en la mayoría de las ocasiones tiene su origen en un problema de apego.

> (...) Cuando alguien crece con indiferencia emocional y/o abandono, saliendo adelante por sí mismo en su mundo y en su trabajo, puede llegar a creer que esta forma de educar es la más adecuada. Nada más equivocado. Todo menor y toda persona adulta necesita consuelo, apoyo, cariño, ternura y respeto para poder querer profundamente a quienes le rodean: a sus familias, a sus parejas, a sus hijos y también a sus amistades. Este es el verdadero trabajo emocional del ser humano. Y esta suele ser la paradoja de quien ha sufrido dolor, abandono y daño.
>
> Félix Lozaga, «Evaluación del apego y los vínculos emocionales» (2016)

Es fundamental proporcionar un trato de calidad a nuestros hijos y menores con los que tengamos algún tipo de relación, no sólo atendiendo a sus necesidades físicas sino también cuidando sus necesidades psicológicas, proporcionando consuelo y protección ante los problemas que se les presenten, confiando en sus capacidades y dándoles espacio para que las desarrollen, para que puedan desarrollar una base segura y de confianza tanto en ellos, como en su forma de relacionarse y ver a los demás.

Tipos de apego

Existen diferentes estilos de apego que dependen de varios factores:

- Las características personales del niño.
- Las características personales del cuidador.
- Las circunstancias y el momento en el que se encuentran ambos.
- El trato recibido: cuánto de accesibles y disponibles hayan estado nuestros padres en momentos difíciles o si la manera que han tenido de responder a nuestras demandas ha sido más o menos sensible, afectiva o cercana.

Para mostrar los diferentes estilos de apego y cómo solemos reaccionar al duelo y a la pérdida según el apego de referencia que tengamos, nos apoyamos en las últimas investigaciones realizadas en este campo llevadas a cabo en la Universidad de Deusto por Félix Lozaga y su equipo (2016).

Puedes tomar esta información como una guía para situarte y entender tanto las relaciones íntimas como la manera de vivir el duelo y las rupturas según tu estilo de apego pero es importante que no tomes esta información al pie de la letra o como una forma de «autodiagnóstico,» ya que evaluar el estilo de apego no es algo fácil, requiere conocer y hacer un análisis de la historia personal de la persona y sus relaciones principales, y esto sólo puede hacerlo de manera correcta un especialista en el tema.

APEGO SEGURO

Las personas a las que les caracteriza una base de apego seguro son aquellas que han vivido en un entorno emocionalmente estable y seguro, habiendo recibido apoyo y respeto de manera consistente.

¿Cómo viven las relaciones?

Estas personas viven sus relaciones encontrando el equilibrio entre la cercanía y la intimidad, siendo capaces de reconocer la importancia de ambos estados y cultivándolos. Saben lo importantes que son los momentos y espacios compartidos con su pareja, pero también reconocen lo necesario que es disponer de momentos de soledad e intimidad para con uno mismo, pudiendo estar en cada uno de ellos de manera tranquila.

Se muestran confiables en sus relaciones y también confían en los demás, su base es el respeto mutuo.

Otra característica importante es que son capaces de cuidar y de igual manera también permiten recibir el cuidado de los otros.

Integran sus experiencias desde una narrativa serena y positiva y han desarrollado una buena capacidad para perdonar. Son personas agradecidas.

No huyen ante las situaciones adversas, son capaces de hablar y profundizar en temas dolorosos.

¿Cómo reaccionan ante los duelos y las pérdidas?

El tener un apego seguro no quiere decir que a estas personas no les duelan las pérdidas. Un apego seguro no les evita sufrir cuando pierden a un ser querido. Pasan por todo el proceso de duelo pudiendo hablar de ello y sintiéndolo sin intentar reprimir el dolor ni negarlo.

APEGO DE TRÁNSITO DEPENDIENTE EN LA INFANCIA Y LA ADOLESCENCIA

Este estilo de apego se puede observar en niños o adolescentes que han vivido en un entorno seguro y han recibido un buen trato por parte de sus cuidadores pero que han estado demasiado sobreprotegidos, por lo que no han podido desarrollar su propia autonomía. Tampoco se les ha hablado de temas conflictivos o delicados tratando de impedir que estuvieran en contacto con el mínimo dolor o sufrimiento.

Es un tipo de apego que se puede trabajar permitiendo que los niños tengan su propio espacio desde el que puedan explorar el entorno y sus relaciones, favoreciendo así el que puedan ser más independientes.

Este tipo de apego hace que de adultos tengan dificultades para separarse de su familia de origen y poder establecer nuevas relaciones con otras personas fuera del núcleo familiar.

¿Cómo viven las relaciones?

Estos niños son muy dependientes de los adultos y se muestran temerosos y desconfiados especialmente ante situaciones nuevas.

En las relaciones tienen la capacidad de mostrarse cercanos pero son dependientes y sumisos, tratando de perpetuar la situación de sobreprotección desde la que han vivido proyectándola en su pareja.

¿Cómo reaccionan ante los duelos y las pérdidas?

Los niños que tienen un estilo de apego de tránsito dependiente tienen un miedo excesivo a la muerte de sus familiares o a la separación de sus padres.

Si se produce alguna pérdida hacen duelos muy intensos que no logran procesar, esto es una de las consecuencias de no poder hablar abiertamente de las situaciones dolorosas en el ámbito familiar. Por mucho que queramos proteger a nuestros hijos, las pérdidas siempre llegan y debemos estar preparados para poder compartirlas y poder elaborarlas.

APEGO AMBIVALENTE RESISTENTE

El apego ambivalente resistente es un tipo de apego que se crea cuando hemos vivido con cuidadores que han proporcionado el afecto de manera ambivalente y cambiante, es decir, por un lado, se daban mensajes para el desarrollo de la autonomía, pero por otro se han mostrado intrusivos. Las personas con este tipo de apego sienten que no han sido aceptadas, ni han sentido que fueran validadas sus características y estilo personal. Las personas con apego ambivalente resistente no han percibido la cercanía y disponibilidad de sus cuidadores cuando han necesitado ayuda o han recibido críticas y descalificaciones en su forma de ser o actuar en situaciones complicadas.

El mensaje que han recibido de forma general ha sido contradictorio, a veces se han encontrado con el rechazo o abandono y otras con una actitud positiva, generando esto una sensación muy ambivalente y desconcertante en ellos.

¿Cómo viven las relaciones?

Este estilo de apego es característico de personas que viven las relaciones con una actitud negativa y muy centradas en el pasado y en lo que les ha hecho daño, por lo que el rencor está muy presente en cómo afrontan sus relaciones.

Muy enganchados a los problemas y con deseos de discutir constantemente. Tienen la habilidad para recordar de manera selectiva los sucesos negativos, por lo que viven desde el rencor y la ira. Las personas con las que se relacionan sufren de manera directa las consecuencias de esta manera de vincularse.

Son personas dependientes y exigentes en sus relaciones. Utilizan el control emocional para lograr sus objetivos y suelen tener problemas de celos, debido a su inseguridad.

¿Cómo reaccionan ante los duelos y las pérdidas?

Tienen dificultades para procesar los duelos sobre todo si la persona que han perdido les provocó algún daño o perjuicio. A las personas que tienen este estilo de apego les resulta difícil ver las diferentes partes en los conflictos y entender las diferentes posiciones.

APEGO EVITATIVO

Las personas que tienen un estilo de apego evitativo han sido criados en ambientes familiares en los que ha habido distancia, frialdad y dificultades para la conexión emocional.

Además de la ausencia de comunicación positiva a nivel verbal, tampoco ha estado presente el contacto físico para calmar o consolar en situaciones dolorosas.

Alguno de los padres se ha quedado estancado en vivencias negativas del pasado que no logra integrar. El no poder pasar página le dificulta el poder hablar sobre estas vivencias con sus hijos de manera sincera y sin rodeos. En estas familias no se habla de temas conflictivos ni dolorosos y se crece con la sensación de que hay importantes secretos familiares ocultos de los que no se habla.

Los progenitores que se vinculan desde este tipo de apego probablemente no tuvieron a su vez a personas que les calmaran ni regularan sus emociones, ni encontraron consuelo ante su sufrimiento. Por esto no se manejan a la hora de expresar su tristeza o su rabia cuando la sienten, ni la toleran en los otros. Se protegen desde la distancia, la desconexión y la frialdad.

¿Cómo viven las relaciones?

Son personas que se muestran independientes y distantes emocionalmente. Les cuesta mucho expresar sus sentimientos, especialmente los dolorosos, aun cuando se encuentren en el marco de una relación segura. Son muy celosos de su intimidad, no comparten lo que les sucede en su vida fácilmente. Son personas misteriosas que no revelan sus sentimientos, a las que es difícil conocer en profundidad.

Las personas con apego evitativo aparentemente no tienen problemas serios de autoestima, pero se mueven en dos polos aparentemente opuestos. Por un lado, se muestran distantes emocionalmente en sus relaciones, como si no fueran importantes para ellos, pero ante una pérdida o ruptura, pueden llegar a sentir mucha angustia y pasan al polo dependiente de una manera muy intensa.

Les cuesta mucho comunicarse con la pareja. Es muy difícil poder llegar a ellos o conocer realmente cómo se sienten. Son personas que se muestran distantes y que huyen del conflicto, prefieren alejarse y evitar el enfrentamiento que afrontarlo de manera sincera y directa.

¿Cómo reaccionan ante los duelos y las pérdidas?

Su reacción ante la pérdida es de tensión y dolor contenido, no dan muestras de sufrimiento y aparentan frialdad emocional en este tipo de situaciones. Reprimen su dolor y no permiten ser cuidados por los demás. Reprimen el recuerdo de situaciones dolorosas porque es su manera de sobrevivir a ellas.

APEGO TEMEROSO

Las personas que tienen un estilo de apego temeroso han sufrido fuertes faltas de respeto y humillación por parte de sus progenitores, que a su vez se han mostrado muy intrusivos con ellos.

Estas personas no han sido verdaderamente aceptadas por parte de sus padres y han interiorizado una forma pasiva y sumisa de vincularse, que van a generalizar no sólo en el ambiente familiar sino en otro tipo de relaciones. En numerosas ocasiones, a través de las relaciones con los iguales también reciben grandes daños, sufriendo todo tipo de humillaciones, rechazo o incluso siendo tratados de manera agresiva.

¿Cómo viven las relaciones?

Las personas que tienen este tipo de apego son personas que tienden a infravalorarse y a creer que los demás son mejores que él. Se muestran distantes en sus relaciones y las viven con mucho miedo. Muestran muchas dificultades a la hora de gestionar sus emociones y ven a los demás como personas que pueden hacerles daño, porque realmente así ha sido.

Viven acomplejados y son muy inseguros en sus relaciones, se muestran con una actitud de vigilancia extrema que a veces adquiere un cierto tinte paranoide.

Son difíciles de prever, ya que pueden tanto mostrarse muy cercanos como alejarse de manera inesperada. Tienen mucho miedo al abandono y a la pérdida, son personas muy dependientes de sus parejas y viven las relaciones con un gran sufrimiento.

¿Cómo reaccionan ante los duelos y las pérdidas?

Su reacción ante la pérdida es vivida de manera muy intensa pero con dificultades para expresar sus emociones. Tienen mucho miedo y son proclives a sufrir episodios depresivos como respuesta al duelo.

APEGO DESORGANIZADO

Las personas con este tipo de apego han vivido en ambientes en los que sus padres se gritaban, humillaban o incluso en los que han presenciado malos tratos físicos. Han crecido con mucho miedo y dolor sin poder hablar de ello ni compartirlo con nadie.

Sus figuras de apego les han transmitido muchas veces mensajes sobre el respeto que hay que tener hacia los demás, pero realmente esto entraba en total contradicción con la manera que tenían ellos mismos de vincularse.

Han aprendido a controlar a los demás a través del miedo, a no respetar los derechos ni los límites, a reprimir y ocultar el dolor.

¿Cómo viven las relaciones?

Son personas que se vinculan desde la agresividad y la violencia, maltratan y abusan de los demás. No muestran respeto ni toleran los límites ni los derechos de los otros. No empatizan con el dolor de los otros.

Son personas muy inestables en sus relaciones e imprevisibles. A veces pueden mostrarse cercanos, pero de manera muy rápida pueden pasar a comportarse de forma violenta. No ven el riesgo ni los límites pudiendo poner en práctica conductas que les pongan en peligro a ellos o a los demás.

Se muestran dependientes de su pareja y son muy posesivos y controladores. Uno de los mayores problemas en sus relaciones de pareja son los celos. Su manera de gestionar los conflictos es a través de la humillación o la agresividad física y psicológica.

¿Cómo reaccionan ante los duelos y las pérdidas?
Son personas a las que les cuesta mucho aceptar las pérdidas y lo viven de manera conflictiva. Intentan no hablar sobre el dolor que les supone la pérdida pero realmente nunca terminan de procesarlo. Pueden reaccionar con agresividad y violencia ante un abandono.

El vínculo con el fallecido

Una vez conocidos los diferentes tipos de apego y cómo, según las peculiaridades de cada uno, existen diferencias a la hora de vivir y manejar los duelos, es importante recordar que el estilo de apego no es el único factor implicado en la forma de afrontar un duelo.

Existen otros factores que influyen y que van a caracterizar el proceso, como pueden ser el tipo de personalidad del doliente, pérdidas y duelos anteriores, circunstancias de la muerte o el tipo de vínculo que existía con el fallecido.

La forma en que nos vinculábamos con el fallecido puede influir en que el duelo se resuelva más fácilmente o no. Cuando la relación que teníamos con el fallecido era difícil o ambivalente, además del dolor por la pérdida, van a surgir muchos más sentimientos y pensamientos difíciles de entender. Con su muerte, también muere el anhelo o la posibilidad de reparar la relación, de resolver nuestras diferencias, dejando un sabor amargo en el que es más fácil que afloren los sentimientos de culpa, ya que, además, solemos idealizar a la persona que ya no está y responsabilizarnos nosotros de todo lo ocurrido.

4. Las pérdidas más frecuentes y dolorosas

La vida está compuesta de pérdidas y ganancias. Desde pequeños nos enseñan a enfocarnos en «ganar» y, sin embargo, no nos enseñan verdaderamente a «perder». Esto se convierte en un problema porque durante nuestra estancia aquí vamos a vivir ambas situaciones de forma prácticamente constante, por lo que no prepararnos para ello va a suponer que según las pérdidas vayan siendo más significativas puedan convertirse en un problema más serio por no saber gestionarlas adecuadamente.

Si pensamos en ello, estamos constantemente perdiendo algo y toda pérdida supone hacer un duelo. A veces perdemos el tiempo o la salud, perdemos personas a las que estábamos vinculadas, algunas relaciones, trabajos, capacidades cognitivas, etc. Dicen que a partir de los 25 años empezamos a perder visión pero como es algo que sucede de manera sutil no somos conscientes de ello hasta que no pasan unos años y nos damos cuenta de que no vemos bien y de que necesitamos gafas, pero esto no quiere decir que no esté sucediendo desde temprana edad, y esto es normal. Darnos cuenta de ejemplos como este puede hacer que nos familiaricemos con el concepto de pérdida y vayamos aceptando que la pérdida es algo natural que acontece a través de muchos escenarios y que en la mayoría de los casos no podemos hacer nada para evitarlo. Tener la ilusión de que podemos hacer algo para controlar o detener ciertos procesos y sucesos de la vida, creer que podemos evitar las pérdidas o que está en nuestras manos nos conducirá a sentir una frustración muy difícil de tolerar cuando nos enfrentemos a la realidad.

Existen numerosos tipos de duelos y dependiendo de lo que hayamos perdido, cada duelo puede tener características especiales, pero sea cual sea la pérdida a la que te enfrentas la información que encuentres a lo largo del libro te puede ser de utilidad ya que pasar por un duelo, en líneas generales, engloba de alguna manera sentimientos, pensamientos y procesos similares independientemente de la pérdida que lo haya causado.

En este libro nos centraremos en dos de las principales pérdidas más dolorosas: la muerte de un ser querido y la ruptura sentimental, de las que vamos a hablar más detenidamente, pero existen otros tipos de duelos que también son muy dolorosos y frecuentes como son: la pérdida de la salud física y/o psicológica, la pérdida de un trabajo, especialmente si llevábamos mucho tiempo en él o se ha producido de manera traumática y el duelo migratorio, también conocido como duelo por cambio de cultura.

Pasamos a hablar ahora detenidamente sobre los procesos de duelo más dolorosos y difíciles de transitar. En las siguientes páginas hablaremos de la muerte de un ser querido y de las rupturas, pero también queremos darle un lugar importante al duelo perinatal y al duelo por la muerte de nuestras mascotas, porque creemos que estos casos son especiales ya que parece que no tenemos permiso para dolernos en estas circunstancias y esto ocasiona un daño extra a las personas que lo sufren. Queremos que en este libro las personas que están pasando o hayan pasado por esto también encuentren recogido y legitimado su dolor.

La muerte de un ser querido

Es el duelo por excelencia, ya que siempre que perdemos a un ser querido vamos a tener que enfrentarnos a un proceso de duelo que nos ayude a reajustar nuestra vida sin la persona fallecida. A lo largo de este libro hacemos referencia a él y lo tenemos presente en todo momento, ya conocemos las etapas por las que necesitamos pasar para poder lograr la aceptación de esta difícil realidad y aunque el duelo es único para cada persona, cómo de duradero e intenso va a ser, dependerá de factores tales como:

- La relación o vínculo que teníamos con el difunto.
- En qué circunstancias se ha producido la muerte: si ha sido causada por una enfermedad o si ha sucedido de forma repentina.
- Si hemos estado presentes en el ritual de despedida y hemos visto su cuerpo.
- Nuestros propios recursos psicológicos de afrontamiento.
- El apoyo social y familiar que tenemos.
- Nuestras creencias religiosas, culturales o espirituales.

(...) El luto es importante –dije–. Pero cuando se prolonga indefinidamente, puede ser una forma de evitar la pena. El ritual del luto puede ser un componente extremadamente importante del trabajo de duelo. Creo que esa es la razón por la cual las prácticas religiosas y culturales incluyen rituales de luto muy definidos; hay un espacio y una estructura protegidos dentro de los cuales empezar a experimentar los sentimientos de pérdida. Pero el periodo de luto también tiene un final definido. A partir de ese momento, la pérdida no es una dimensión separada de la vida; la pérdida está integrada en la vida. (...) si nos estancamos en el luto, es como si nuestras vidas también hubieran acabado.

Edith Eger, La bailarina de Auschwitz.

Duelo perinatal

¿Cómo gestionar una pérdida de un hijo al que no hemos llegado a conocer con vida? ¿Qué cara o qué forma le ponemos cuando pensamos en él, cuando le lloramos? ¿Cómo explicar que duele tanto si su paso por nuestras vidas ha sido tan fugaz?

Muchas mujeres acuden a terapia para que les ayudemos a sobrellevar al duelo por un bebé que no ha nacido porque se encuentran poco comprendidas tanto en su entorno como en el ámbito laboral y sanitario. Este tipo de duelo lleva inherentes características que lo hacen especial y nosotras no hemos querido perder la oportunidad de poder hacer nuestra aportación dándole visibilidad y ayudándote a conocerlo mejor.

El duelo perinatal se da cuando el bebé no llega a nacer o bien muere durante el parto o pocos días después y es uno de los duelos más dolorosos que existen siendo todavía un tema tabú en nuestra sociedad.

Las personas que sufren un aborto se encuentran con muchas dificultades desde el principio. Si fijamos nuestra mirada en cómo se aborda desde el sistema sanitario nos encontramos con los primeros obstáculos. En la mayoría de los casos es en un hospital o clínica donde comienza el dolor ya que normalmente es donde recibimos la triste noticia y es importante conocer esta realidad para que podamos impulsar un cambio.

Si bien es cierto que no se puede generalizar y que hay diferencias en las actuaciones según el lugar en el que vivamos o el nivel de sensibilidad o grado de empatía de los profesionales sanitarios que estén al cargo de la situación, es cierto que a través de los testimonios de las mujeres que han sufrido un aborto todavía nos queda un largo camino por recorrer para conseguir dar un soporte emocional adecuado a las parejas que se encuentran en esta situación.

> *(...) todo era muy frío, de repente me vi tumbada en una camilla en la que me habían practicado un legrado. Cuando todo acabó y aún sintiéndome todavía dolorida y en shock pero «clínicamente sana», con el informe en la mano, me dieron el alta. Me dijeron que sentiría dolor los siguientes días pero que podría seguir mi vida «con normalidad». No daba crédito, acababa de perder a mi bebé, todas mis ilusiones se habían ido literalmente al cubo de la basura cuando esa misma noche estando en casa, comencé a sangrar y me fui directamente a urgencias. Sentí que nadie en esa sala entendía por lo que estaba pasando, ni una mirada, ni una palabra que me ayudara a expresar lo que estaba sintiendo, lo que había pasado y lo que esto significaba para mí, para nosotros. No podía ni hablar, todo fue muy rápido, yo no sabía cómo se hacían estas cosas pero de que me di cuenta ya estaba en casa lista para hacer «como si nada». Igual yo soy muy sensible o muy blanda, pero me pareció que nadie de los que allí estaban se pusieran en mi lugar ni en una milésima parte. Nadie me habló de las consecuencias que esto tendría para mí a nivel psicológico, nadie me preguntó qué necesitaba en ese momento y lo peor de todo es que creí que con mi gente cercana sería diferente. Al principio me costó contarlo, era muy difícil para mí escucharme decirlo en voz alta pero llegó un momento en el que era más doloroso fingir que el embarazo seguía adelante que aceptar que todo había terminado. Cuando lo hice intenté encontrar consuelo sin éxito a través de las otras personas, pero más*

allá del «lo siento o qué pena» inicial sentí que realmente nadie me entendía. Al poco tiempo ya hacía «como si nada», ya esperaban que me incorporara a la vida, que estuviera bien y pensando en el siguiente embarazo. Esto me hacía mucho más daño...

Necesito que se den cuenta de que he perdido a mi bebé y que este dolor me va a acompañar siempre porque para mí Él sí era importante.

El duelo perinatal es un duelo silenciado, un duelo incomprendido, que se percibe desde fuera como un duelo «pequeño» o un duelo menor y al manejarlo desde esta perspectiva, los familiares sienten que se le está quitando importancia a esa vida. Y esto no refleja la verdadera situación de los dolientes, porque ellos a lo que se están enfrentando es a la pérdida de un vínculo, de una ilusión, de un sueño, de su rol como madre o padre, de un proyecto de vida juntos, a lo que esperaban darle y que ahora se queda atrapado en algún lugar de su corazón, envuelto en papel, a todo lo que podrían haber vivido juntos, a todo el amor que tenían guardado para él, lo que se ha perdido es un hijo o una hija que ya ocupaba un lugar en sus vidas.

No empatizar con este dolor es no dar permiso para que los padres puedan expresar y compartir su experiencia, les obliga a transitar este desolador camino en solitario, significa que no están autorizados para sentirse así y, como ya sabemos, esto no ayuda a sanar.

Estos papás van a tener que hacer su camino pasando por todos esos lugares de los que ya hemos hablado y sólo necesitan que a lo largo de él se les cuide emocionalmente, que los acompañantes validen lo que están sintiendo, sin cuestionarles porque esa pena refleja todo el amor que tenían para su hijo y que ahora tiene que canalizarse de otra manera y muy importante, que no se les presione para pasar rápido a la siguiente estación ya que no sabemos cuán difícil es avanzar para ellos.

Es importante tener en cuenta que cada persona va a llevar su proceso de forma genuina, y como todos los tipos de duelo, va a depender de las circunstancias en las que se haya dado la pérdida, el momento, los recursos psicológicos de los que disponen los dolientes pero también la atención sanitaria y emocional que hayan recibido y la apertura y comprensión de la gente cercana. Todos los factores son importantes y van a facilitar que el difícil camino en el que se encuentran pueda desarrollarse de forma natural y les ayude a encontrar paz.

Ruptura sentimental

Las separaciones y divorcios son uno de los tipos de pérdidas más frecuentes en la actualidad y están tipificadas como una de las situaciones que más estrés causan en la vida de las personas. Incluso muchas veces puede ser un duelo más difícil de manejar, porque como en estos casos la persona no ha muerto, nos es complicado no aferrarnos a la esperanza o la posibilidad de que esa persona vuelva a nuestro lado por lo que demoramos el duelo y este puede convertirse en un proceso mucho más complejo.

Las rupturas son diferentes dependiendo de cada pareja y no podemos establecer unas reglas fijas, pero toda ruptura contiene unos elementos comunes: una parte de negación antes de tomar la decisión de dejar la relación, la ruptura propiamente dicha; el miedo y el vacío que nos genera pensar en nuestra vida sin la persona amada y todas las emociones que esto conlleva; y finalmente, la recuperación y continuación de la vida sin esa persona.

Dentro del terreno emocional, se reconocen también estados emocionales similares que van desde la tristeza y la rabia contra la otra persona, la sensación de que hemos fracasado en nuestro proyecto de vida y un profundo vacío cuando conectamos con la pérdida y la miramos de frente, hasta que finalmente podemos enfocar nuestra energía en recomponer nuestra vida a través del contacto con otras personas y la reactivación de nuestras actividades rutinarias.

Las relaciones sentimentales son fuente de mucha ambivalencia: por un lado, nos proporcionan las experiencias más maravillosas que podemos vivir como seres humanos, pero a su vez son las causantes del mayor de los sufrimientos.

(...) Esto último me da bastante vergüenza, la verdad. Porque aquí estoy, en un templo sagrado de la India ¿y no hago más que pensar en mi ex novio? Pero ¿quién soy? ¿Una colegiala o qué? Y entonces recuerdo la historia que me contó mi amiga D., la psicóloga. En la década de los 80 el Ayuntamiento de Filadelfia le pidió que diera asistencia psicológica a un grupo de refugiados camboyanos que acababan de llegar- en barcos abarrotados- a la ciudad. D. es una psicóloga excelente, pero ese trabajo le supuso un verdadero reto. Los camboyanos aquellos habían sufrido los peores padecimientos que los humanos pueden infligirse unos a otros: genocidio, violación, tortura, años de encierro en campos de refugiados y arriesgadas travesías en barco hacia Occidente con peligro de morir ahogados y devorados por tiburones. ¿Qué

podría hacer una psicóloga para ayudar a personas así? ¿Cómo iba a poder comprender el nivel de sufrimiento que habían padecido?...

¿A que no sabes de qué quería hablar esta gente cuando les dijeron que iban a tener asistencia psicológica? — me preguntó D.

Lo único que decían era: Conocí a un tío cuando estaba en el campo de refugiados y nos enamoramos. Yo creía que él me quería, pero nos tocó ir en barcos separados y él se enrolló con mi prima. Se ha casado con ella, pero dice que me quiere a mí y no hace más que llamarme, y sé que le debería decir que me deje en paz, pero le sigo queriendo y no puedo dejar de pensar en él. Yo no sé qué hacer...

Así es como somos los seres humanos. Colectivamente, como especie, ése es nuestro paisaje sentimental. El asunto del amor y el control nos saca lo peor, nos desquicia, nos lleva a la guerra y nos hacer padecer enormes sufrimientos.

Elisabeth Gilbert, del libro «Come, reza, ama».

Que las rupturas son muy dolorosas y que cada una es un mundo es algo que nadie se cuestiona. En la vida real las cosas no suelen ser de color «blanco o negro,» pero dependiendo de quién haya dejado la relación y de cómo o bajo qué circunstancias se ha dejado, viviremos nuestro proceso de duelo de forma diferente.

LOS QUE ABANDONAN

Normalmente necesitamos buscar diferentes papeles dentro de estas situaciones para poder colocar a los protagonistas y hacer un intento de entender lo que ha pasado. En este caso, la persona que toma un papel activo y propicia de forma explícita la ruptura es al que le es asignado el papel de «culpable» situándose de forma automática al otro miembro como «víctima» o «inocente».

Si bien es cierto que la otra persona es abandonada en contra de su voluntad y por ello llevará el mayor peso del dolor en el proceso, las personas que dejan una relación en su mayoría también sufren.

Abandonar una relación tiene la ventaja de que eres tú quien toma la decisión y probablemente sea más sencillo para ti sobreponerte a ello porque has tenido tiempo para anticipar tu duelo, para pensarte sin esa persona y emocionalmente te encuentras en un lugar más avanzado desde el que te será más fácil reconducir tu vida, pero es importante saber que esta posición no está libre de dolor.

Es probable que durante mucho tiempo hayas tenido que darle vueltas al asunto, hayas intentado negar o rechazar tus propios sentimientos, hayas vivido desde la incertidumbre y la duda de que si lo que estás pensando es realmente lo correcto: ¿qué pasará después?, ¿podremos superarlo?, ¿me arrepentiré de la decisión? y lo que es peor aún, lo más probable es que cargues con el veredicto de culpable en vuestro entorno más cercano y sufras situaciones de juicio y rechazo por parte de personas que son importantes para ti. Esto no va a ser nada fácil de llevar y va a suponer el que tengas que hacer duelos secundarios, pero realmente, lo más difícil puede ser lidiar con tu propio sentimiento de culpa.

(...) Soltar duele, pero sostener lo insostenible duele aún más. La sensación de estar engañando a alguien que quieres es horrible, pensar que es por tu culpa, que eres tu la que ha cambiado y hacer lo imposible para darle la vuelta... hasta caer exhausta. Ya no le veo de la misma manera. Me resulta imposible acercarme íntimamente a él, le rechazo. Trato de evitarlo por todos los medios, me he quedado sin excusas. Intentaba aferrarme a nuestros sueños, a las declaraciones de amor pronunciadas cuando todo era ilusión, cuando todo era verdad. Intenté repetírmelas una y mil veces pero mi cuerpo ya no estaba allí.

Un gran número de personas piden ayuda para darse cuenta de que realmente no quieren dejar a sus parejas y poder así detener esta bomba que destruirá sus proyectos de vida, quieren creer que lo que realmente les pasa es que tienen mucho estrés en el trabajo o que son los problemas externos los que hacen que no sientan lo mismo pero desgraciadamente, en la mayoría de los casos, cuando sentimos que el amor se ha acabado y hemos intentado desde el corazón hacer reflotar nuestra relación sin éxito es indicativo de que no hay marcha atrás. Vivir atrapados en una relación que no se sostiene desde el amor libre y verdadero es muy dañino para ambos miembros de la pareja y ocasiona consecuencias muy graves.

LOS QUE SON ABANDONADOS

En este caso nos referimos a las personas que no querían que la relación acabase, las clasificadas como «víctimas» de la situación. No cabe duda de que esta posición es la más desfavorable porque la persona no ha elegido tomar esta decisión y además no está de acuerdo. La persona que se encuentra en este lugar, por un lado, va a tener que sobreponerse al efecto traumático que supone el no esperar este desenlace y las consecuencias psicológicas que tiene y por otro, se va a tener que enfrentar igualmente al duelo que supone la separación para poder reconstruirse y adaptarse a su vida sin la persona que quiere.

No debemos olvidar que nacemos «para ser queridos,» en primer lugar por nuestros padres, después por el resto de personas de la familia y amigos, y según vamos creciendo también para que nos quieran nuestras parejas. Nuestros comportamientos, en gran parte, van encaminados a este fin y nos duele mucho encontrarnos con situaciones en las que, a pesar de lo que hagamos, el otro siempre tendrá la libertad de querernos o no, y esto es independiente de todos nuestros esfuerzos. Si nuestra pareja ya no nos quiere, en el mejor de los casos podremos conseguir que continúe a nuestro lado por compasión o quizás por miedo o comodidad, pero es importante que sepamos que sus sentimientos son suyos y no tenemos control sobre ellos, y cuanto antes sepamos esto, mucho mejor, porque estaremos evitando seguir alargando una amarga agonía y podremos volcar nuestra energía y amor hacia nosotros mismos.

Vamos a necesitar fuerza, apoyo de la gente que nos quiere y mucho amor propio para salir adelante y lograr construir una nueva vida, pero esto sólo es posible si asumimos un papel activo que nos ayude a salir de esta posición de víctima lo antes posible.

Muchas veces, aunque es el otro el que toma la responsabilidad de dar por finalizada la relación y se encarga de «hacer el trabajo sucio» no es el único responsable de este desenlace, las relaciones son siempre cosa de dos, y la relación entre dos personas va más allá de ellas mismas, al igual que un hijo. No se trata de buscar culpables, y mucho menos de auto-culparse, aceptemos que las relaciones muchas veces no funcionan y se acaban, aunque nosotros lo hayamos hecho lo mejor que sabemos, lo mejor que podemos.

(...) El amor es complicado siempre. Pero las personas tienen que procurar amarse, cariño. A veces toca que te rompan el corazón. Es una buena señal que te rompan el corazón. Que tengas el corazón roto significa que intentaste algo importante.

Elisabeth Gilbert, Del libro «Come, reza, Ama»

Ama eso que sientes, ámate tú. El dolor que estás sintiendo no ha venido a acabar contigo. Ha venido a mostrarte un camino. Agradece todo lo que tengas a tu alrededor y dentro de ti y que de alguna manera actuará como un impulso para seguir adelante. Quizás esas pequeñas cosas pueden ser las que te ayuden a salir de ese pozo sin luz en el que te encuentras. Cuando avances en tu lectura encontrarás un lugar en el que soplará una brisa suave y fresca con el único fin de acariciarte y fortalecerte por dentro. Confía.

LOS QUE TE OBLIGAN INDIRECTAMENTE A QUE LES ABANDONES

Estos casos también se dan de manera frecuente en las separaciones y no sé si lo habrás vivido alguna vez o quizás conozcas a alguien a quien le haya pasado.

Este tipo de rupturas se basan en que la persona que quiere dejar la relación y que, es posible que tenga ya una relación paralela, hace todo lo posible para que finalmente seas tu el que o la que pronuncies el temido: «yo no quiero seguir así».

Estas personas no son capaces de pronunciar las palabras clave pero, sin embargo, a través de sus actos te están gritando que no quieren seguir contigo, y si te paras a pensarlo detenidamente, es la posición más cómoda, ya que, por un lado, tiene las ventajas emocionales de ser tu quién no quieres seguir al lado de tu pareja, pero sin embargo, le dejas a él o a ella la responsabilidad de poner el límite provocando que se sienta culpable. Es decir, la persona que se atreve a decir en alto que así no podemos seguir carga con dos mochilas muy pesadas: ser el abandonado y el que abandona, porque normalmente, después de ese «yo no quiero seguir así» lo que viene es un «¡pues no sigas!».

En este momento suceden dos estados internos simultáneamente:

- ♦ El que abandona la relación de forma pasiva está obligado a su pareja a pronunciar las fatídicas palabras mientras siente una gran liberación.

- ♦ El obligado a abandonar adopta un papel activo fruto de la desesperación y del machaque continuo y con el deseo de llamar la atención del otro para hacerle ver que algo tiene que cambiar, porque la situación se torna insostenible, pero en su lugar con lo que se encuentra es todo lo contrario, le ha facilitado la ruptura. Las personas que se encuentran en esta situación sienten un gran desconcierto y sentimiento de culpa por haber sido justo ellos los que han «provocado» esa situación.

(...) vivíamos prácticamente cada uno por su lado, me daba cuenta de que le echaba mucho de menos y lo peor de todo es que todavía vivíamos juntos. Discutíamos mucho, cualquier cosa que le decía le sentaba mal, hasta por las cosas más tontas. Poco a poco vi que perdía el interés por mí, ya no hacía aquellas cosas que me hacían sentir única y especial. Un día la tristeza me ahogaba y una pequeña voz interior me dijo: quizás si se lo dices se dé cuenta de que cada vez está más distante, sólo para darle un toque de atención para que todo vuelva a ser como antes. Ya se lo había intentado hacer ver de muchas maneras antes, pero no era suficiente, así que me armé de valor y con mucho miedo un día cualquiera, después de una bronca cualquiera, le dije: «no puedo seguir así». No puedo explicarte lo que sentí cuando me contestó: «¡pues no sigas!». Fue como si te echaran una jarra de agua helada por la cabeza, cayendo lentamente por tu cuerpo. Enseguida reaccioné y le dije, «no te estoy queriendo decir esto, te estoy queriendo decir que tenemos que hacer algo para salvar nuestra relación, que cada vez estás más distante, que los niños también se dan cuenta, que parece que no te importo». Pero ya era demasiado tarde. Durante los primeros meses me juzgué muy duramente, ¿por qué tuve que decirle eso? ¡Si yo en realidad no quería decirlo! Soy estúpida, hubiera preferido mil veces seguir a su lado aunque fuera así que vivir sin él, he roto nuestra familia, nuestros hijos están sufriendo... pero con el tiempo y ayuda pude entender que no fui yo, que en realidad éramos los dos, que la situación era insostenible y que yo sólo tuve la valentía de ponerlo encima de la mesa. Ahora lo pienso y veo que yo misma aceleré mi propia liberación, que realmente yo no quería ni merecía vivir así y le pedí las llaves para abrir mi propia celda. Pero ha tenido que pasar mucho tiempo para entenderlo, he sufrido mucho hasta conseguir ver la situación desde aquí.

LOS QUE DESAPARECEN

Existe otro perfil de personas que en lugar de abandonar o esperar a ser abandonados, literalmente desaparecen. El ghosting es una manera muy cruel de dejar una relación y aunque se da entre adultos, tiene como base una inmadurez emocional que se refleja en una manera muy adolescente de dar por terminada una relación.

Para poder estar dentro de este grupo, la relación ha tenido que ser significativa, relativamente duradera y lo suficientemente intensa. Tienen que haberse creado unas expectativas o algún plan de futuro. Por tanto, los encuentros fugaces no estarían dentro de este grupo, ya que, en estos casos, es más previsible que acaben de esta manera.

Normalmente las personas que desaparecen y no vuelven a permitir ningún tipo de comunicación con la persona que dejan posiblemente estén reproduciendo un patrón de abandono que ellos mismos han sufrido en su vida y que no tiene por qué ser necesariamente con otras parejas. Han podido sufrir algún tipo de abandono importante en la infancia, por lo que prefieren ser ellos quienes abandonan que volver a tener que pasar por el sufrimiento de ser abandonados. No sienten empatía por la otra persona, porque tampoco la han tenido con ellos.

La persona que desaparece se ahorra «el mal rato» de tener que decirle a la otra que ya no la quiere o que ya no le compensa que sigan juntos, pero detrás de este acto cobarde hay una forma de maltrato, ya que el que desaparece sin dar explicaciones no está teniendo en cuenta a la otra persona ni la está respetando, se está cosificando a la otra persona, como si se pudiera «tirar a la basura» lo que ya no sirve, despreciando sus sentimientos y su derecho a una despedida para poder cerrar un capítulo de su vida y seguir adelante. Este comportamiento es típico, como hemos dicho antes, de personas inmaduras emocionalmente, por lo que es muy frecuente en adolescentes, pero también es un comportamiento muy típico de personas narcisistas.

(...) habían pasado varios años ya desde mi última ruptura y con ella todo parecía diferente. Empezamos despacio, quedábamos de vez en cuando y la verdad que parecía que disfrutábamos juntos, teníamos muchas cosas en común. Fueron pasando los meses y cada vez me abría más la puerta de su espacio íntimo, nos contábamos qué tal había ido el día y nos dábamos

las buenas noches. Seguíamos quedando, cada vez más, me hablaba de su familia, yo de la mía, planeábamos un viaje juntos. Hasta que empecé a notarla más distante. No sabía si eran impresiones mías o quizás le habría dicho algo que estuviera fuera de lugar, pero no recuerdo qué... hasta que un día dejó radicalmente de contestar a mis mensajes. Le di unos días de margen y volví a intentarlo, pero nada. No contestaba. Me quedé enquistado en su recuerdo. Iba obsesivamente por los lugares que frecuentábamos juntos, como un espía, intentando verla a lo lejos pero a la vez temeroso de encontrarla. Así durante un interminable año. Soñando, idealizando lo que estaba destinado a ser, culpándome, haciéndome de menos, consumiéndome. Me quedaba postrado en el sofá de casa mirando las horas pasar, en estado catatónico, esperando su llamada. Pero nunca llegó.

Estas rupturas son especialmente traumáticas porque precisamente no hay golpe del que poder reponerse, se tiende a idealizar a la otra persona y el dolor se hace más hiriente. La persona abandonada se siente impotente y siente una gran confusión al no obtener la certificación de que la ruptura se ha producido y no poder conocer las razones de la otra persona. Además, muchas veces, sobre todo entre adolescentes, este tipo de rupturas se dan sin que haya habido ningún problema aparentemente, por lo que la confusión es todavía mayor.

Si has sufrido una ruptura de este tipo, es posible que necesites ayuda profesional, pues dejan una herida profunda en nuestra autoestima.

La muerte de una mascota

La muerte de nuestra mascota supone otra de las situaciones más dolorosas por las que podemos pasar. De los animales recibimos una fuente de verdadero amor incondicional, forman parte de nuestras vidas, se vienen con nosotros de vacaciones, son parte de nuestra familia. ¿Cómo no nos va a doler su partida? ¿Cómo no vamos a necesitar mucho tiempo para recomponernos? ¿Cómo podemos creer que otra mascota va a ocupar su lugar o va a poder ayudarte a olvidar? No es posible. La muerte de nuestras mascotas supone hacer un duelo en toda regla, hemos creado un vínculo muy fuerte, de corazón a corazón, y tenemos que pasar por todas las etapas con los dos pies, sin posibilidad de huir y con un problema añadido: es un duelo desautorizado.

(...) es horrible llegar a casa y ver que no está, no puedo soportarlo. Era la alegría de mi vida, siempre ahí, revoloteando, no me dejaba sola ni un segundo. ¡Cuánto vacío siento!, la casa se me viene encima y yo tengo que seguir como si nada. En el trabajo estamos hasta arriba y yo no puedo dejar de pensar en él. Estaría llorando todo el día pero nadie lo entiende, me tratan como si estuviera loca o fuera rara. No tienen ni idea de lo desolada que me siento.

Me muero de la pena sólo de pensar que está enterrado y me siento muy culpable por autorizar al veterinario para que le pusiera la inyección. En su momento lo vi claro, le dije que por encima de todo no quería que Yackie sufriera, pero ahora me da por pensar que quizás podríamos haber luchado un poco más por él, quizás habría pasado conmigo, en su casa, unas semanas más...no sé qué es peor... Mis amigos más cercanos, con los que salíamos a pasear por el parque, me han escrito para decirme que quieren hacerle un homenaje. Me han dicho que han hecho un álbum de fotos de todos los momentos compartidos, pero yo sólo tengo ganas de llorar, no estoy preparada ni para ver fotos de él... pero no se como decirlo porque parece que todos están muy ilusionados con la idea, suena a que no agradezco su apoyo, pero no me siento preparada... todavía no...

Gracias a las personas que trabajan para ello, la sociedad va adquiriendo mayor conciencia y sensibilidad con este tema, pero todavía no hemos llegado a legitimar el dolor que sienten las personas que se quedan sin su fiel y leal amigo, sin su fuente de amor pura y transparente.

Para poder sobreponerte y transitar el duelo de forma natural, es importante que te tomes tu tiempo para poder integrar la pérdida, que le hayas podido hacer una despedida a través de un ritual o una ceremonia especial y que después no reprimas tus lágrimas. Habla de tu dolor, comparte lo que sientes, lo que anhelas, lo que te recriminas, tómate tu tiempo para volver a tu rutina diaria y no dejes que nadie desestime lo que sientes. Nadie más que tú sabe lo importante que ese ser ha sido en tu vida y el lugar que ocupa. Ayuda a que la gente que te quiere entienda por lo que estás pasando y no permitas que, si alguien no lo entiende, lo minimice o lo ridiculice. Nos queda mucho que aprender todavía.

Mucha gente tiene la duda de si es conveniente llevar cuanto antes otra mascota a casa. Hay personas que sólo de pensarlo se vienen abajo, y otras que necesitan hacerlo cuanto antes para intentar tapar el vacío que ha dejado. La verdad es que lo recomendable es dejar que pase un tiempo prudencial antes de tener una nueva mascota. Por lo que ya sabes de duelo, necesitas tu tiempo para sentir el dolor y notar la ausencia, y una vez que estos sentimientos sean más soportables (porque esto también va a pasar), estarás preparado, si así lo deseas, para crear un nuevo vínculo especial, pero esta vez no será desde el miedo o la desesperación, ni para ocupar el vacío, porque el lugar que todo ser al que amamos deja nunca puede ser sustituido por nadie. Será desde el deseo de poder incorporar a tu vida un nuevo miembro y poder disfrutarlo sin culpa.

Un perro ha muerto

Mi perro ha muerto
Lo enterré en el jardín
Junto a una vieja máquina oxidada.

Allí, no más abajo
Ni más arriba
Se juntará conmigo alguna vez.

Ahora él ya se fue con su pelaje,
Su mala educación, su nariz fría.

Y yo, materialista que no cree
En el celeste cielo prometido
Para ningún humano,
Para este perro o para todo perro
Creo en el cielo, sí, creo en un cielo
Donde yo no entraré, pero él me espera
Ondulando su cola de abanico
Para que yo al llegar tenga amistades.

Ay no diré la tristeza en la tierra
De no tenerlo más por compañero
Que para mí jamás fue un servidor.
Tuvo hacia mí la amistad de un erizo
Que conservaba su soberanía,
La amistad de una estrella independiente
Sin más intimidad que la precisa,
Sin exageraciones
No se trepaba sobre mi vestuario
Llenándome de pelos o de sarna,
No se frotaba contra mi rodilla
Como otros perros obsesos sexuales.

No, mi perro me miraba dándome la
Atención necesaria
La atención necesaria

Para hacer comprender a un vanidoso
Que siendo perro él,
Con esos ojos, más puros que los míos,
Perdía el tiempo, pero me miraba
Con la mirada que me reservó
Toda su dulce, su peluda vida,
Su silenciosa vida,
Cerca de mí, sin molestarme nunca,
Y sin pedirme nada.

Ay cuántas veces quise tener cola
Andando junto a él por las orillas del mar,
En el invierno de la Isla Negra,
En la gran soledad: arriba el aire
Traspasando de pájaros glaciales
Y mi perro brincando, hirsuto,
Lleno de voltaje marino en movimiento:
Mi perro vagabundo y olfatorio
Enarbolando su cola dorada
Frente a frente al océano y su espuma,
Alegre, alegre, alegre
Como los perros saben ser felices,
Sin nada más,
Con el absolutismo de la naturaleza
Descarada
No hay adiós a mi perro que se ha muerto.

Y no hay ni hubo mentira entre nosotros.
Y ya se fue y lo enterré, y eso era todo.

Pablo Neruda

**Canción de despedida escrita
por una mujer para su perro**

Mi nombre es Darcy y me gustaría contar una historia
Sobre mi mejor amigo que está en otra categoría:
Mira, siempre fui feliz,
Me cuidé y disfruté de la vida.
Siempre me mantuve en buen estado de salud.
Cuando tenía 52 años sonó el teléfono.
Mi médico me dijo que vinieron los resultados de mi biopsia,
Sonaba tan preocupado, dolido incluso.
Me dijo que tenía cáncer en los huesos.
Estaba en shock.
Estaba sin aliento. Hasta ese momento
Nunca tuve miedo de la muerte.
Pero cuando te dicen que tienes cáncer
Es como si fuera La Parca llamando a tu puerta
A la espera de que respondas.
Cuando estaba con la quimioterapia
Mi marido llegó con un regalo sólo para mí.
Era un cachorro. Al instante supe que le querría.
Mi bebé más dulce. Lo llamé Muffins.

Desde el principio
Sabía que te querría hasta el final.
Desde el principio
Sabía que te querría hasta el final
Desde el principio sabía que te querría hasta el final.
Tú eres mi mejor amigo.

Mi medicación solía mantenerme despierta de noche
Me sentía tan débil que no tenía fuerza para luchar
Muffins parecía sentirlo, entendía mi complicada situación
Y él irradiaba energía que me hacía sentir bien.
A veces presentía que la muerte vendría pronto,
Es lo que temía
Me abrazaba a Muffins y silenciosamente lloraba.
Le decía que era mi perro maravilloso
Sentí cómo él sacaba la enfermedad de mi cuerpo.
Él me quitó el dolor. Él me quitó las lágrimas
Finalmente recibí la llamada después de un par de años.
Mi médico me dijo: tengo una gran noticia.
Estoy a punto de acabar con tu dolor y tu tristeza.
Quiero que te sientes y escuches bien.
¡tu cáncer ha entrado en remisión!
Lloré lágrimas de alegría
Sentí que podría vivir para siempre
Juro que el amor de mi dulce cachorro fue lo que me hizo sanar.

Desde el principio.
Sabía que te querría hasta el final.
Desde el principio
Sabía que te querría hasta el final.
Desde el principio
Sabía que te querría hasta el final.
Tú eres mi mejor amigo.

Ni siquiera nueve meses después
Muffins empezó a mostrar comportamientos extraños
No comía, no jugaba, no se movía
Este no era mi bebé, no estaba en su mejor momento
Los latidos de su corazón sonaban frenéticos en su pecho
Lo llevamos al veterinario y le hicimos pruebas
El veterinario no me llamó hasta pasadas dos semanas
Pero cuando me llamó sencillamente no pude hablar
Recuerdo cuando sonó el teléfono
Recuerdo haber sido aplastada por el dolor
Sonaba tan preocupado, dolido incluso
Me dijo que Muffins tenía cáncer en sus huesos.
Me impactó, se me rompió el corazón dentro del pecho
El cáncer dejó mi cuerpo y entró en el suyo.
En menos de un año mi bebé se había ido
Espero que viva para siempre con esta canción.

Desde el principio
Sabía que te querría hasta el final
Desde el principio
Sabía que te querría hasta el final
Desde el principio sabía que te querría hasta el final
Tú eres mi mejor amigo.

In memory of Muffins. Escrita por Darcy, dueña de Muffins. Interpretada por Mac Lethal cantante de hip hop en su canal de YouTube.

5. El duelo en los niños

Uno de los momentos más temidos tras la muerte de un ser querido es cuando llega la hora de comunicárselo a los niños. Nos asusta, nos hace enfrentarnos a una situación muy dolorosa e incómoda y sobre la que no conocemos todas las respuestas. Una situación en la que tenemos que manejar por un lado la angustia del niño, y por otro, nuestro propio dolor (por la pérdida y por no poder evitar el daño que le pueda ocasionar al niño).

Pero como la muerte es parte natural de la vida y es un hecho universal, tarde o temprano vamos a tener que pasar por este momento, por lo que es mejor estar preparados para ello.

En el caso del duelo infantil existe un gran desconocimiento. Los niños están en un lugar muy desfavorable porque por un lado no tienen todavía desarrolladas las capacidades que les ayuden a entender el concepto de muerte, y por otro, los adultos no solemos estar lo suficientemente preparados para ayudarles a entenderlo y usamos estrategias erróneas tales como «evitar hablar del tema» o el uso excesivo de metáforas que sólo sirven para confundirles más y no enfrentarnos a la parte más dura: el carácter irreversible de la muerte.

Tenemos que hacerlo sin miedo (aunque con dolor), desde el convencimiento de que estamos preparándoles para algo que es inevitable y que nos va a ocurrir a todos. La pérdida es algo a lo que se va a tener que enfrentar muchas veces y de diferentes maneras a lo largo de su vida porque, más allá de la muerte, vivimos haciendo duelos constantemente (separaciones, cambios de colegio, pérdida de amistades, pérdidas económicas, cambios de trabajo, etc).

Cuando te coloques delante de un niño para hablar sobre algo tan doloroso como una muerte o una ruptura, hazlo desde la fuerza y la sabiduría de que le estás ayudando a integrar algo muy valioso y útil para su bienestar y para fomentar su capacidad de resiliencia ante las pérdidas futuras. No puedes, ni debes, evitar su dolor. De otra manera, aun desde el amor que sientes por él y el deseo de protección, estarías contribuyendo a mermar su capacidad para adaptarse a la adversidad.

Gracias al afrontamiento de estos acontecimientos conocemos una parte de nosotros que estaba oculta y permite que descubramos nuestra fortaleza. Facilitar esto a los más pequeños les va a ayudar a ser personas sensibles, sanas y fuertes.

(...) Hijo, te haré fuerte y seguro pero debes tropezar para aprender. Por eso voy a darte fortalezas humanas dándote mucho amor y mucha seguridad en ti mismo. Pero no voy a quitar las piedras de tu camino, porque cuantas más piedras encuentres y más pesadas sean, más grande y fuerte construirás tu castillo.

Irene Villa, BBVA (aprendemos juntos)

Vamos a hablar sobre cómo puedes manejar una situación de duelo cuando hay niños implicados de manera que pueda ayudarte a entender su proceso y poder tener un marco de referencia para protegerte tanto a ti como a ellos en tan difícil momento.

Hablando sobre el duelo con los niños

Es un momento delicado y hay muchos factores a tener en cuenta entre los que se encuentran: las circunstancias de la muerte, el grado de cercanía, la edad del niño y el estado emocional de los adultos, entre otros.

Te ofrecemos un soporte orientativo que puedas adaptar a tus circunstancias.

LUGAR

Tenemos que tratar de decírselo en un lugar seguro y en el que haya intimidad para que el niño pueda expresarse con naturalidad. Es importante que las personas presentes en el lugar sean de su círculo más cercano.

MOMENTO

Cuanto antes. No es bueno demorarlo ya que, de alguna manera, ellos perciben de forma instantánea que algo está pasando y es mejor que partan de la verdad para no sentirse engañados. De no ser así, van a utilizar su imaginación para generar una narrativa que les explique por qué sus familiares están tristes, asustados o están ocurriendo tantos cambios a su alrededor y esto puede generar en ellos más miedo y sensación de inseguridad.

PERSONAS ENCARGADAS DE COMUNICARLO

En el caso de los niños es especialmente importante que la noticia sobre la enfermedad, muerte (o ruptura) sea transmitida por las personas más cercanas a ellos y con las que tiene un vínculo especial, preferiblemente los padres y si no fuera posible, ir seleccionando quién puede hacerlo por grado de cercanía con el niño. Muchas veces no es cuestión de parentesco sino más bien de que sea una persona de confianza para él y a quien le tenga mucho cariño.

MENSAJE/EXPLICACIÓN DE LA MUERTE

Los niños necesitan entender por qué ha muerto su ser querido y necesitan que esa información sea verdadera, entendible de acuerdo a su edad y que les permita conectar con el carácter irreversible de la situación para evitar caer en falsas esperanzas que sólo están al servicio de calmar la angustia que les causa la posibilidad de no ver más a su familiar, pero que a la larga les va a ocasionar mucho más daño.

El mensaje tiene que ser explicado de forma clara, breve y evitando detalles morbosos. Los niños no pueden asimilar la misma cantidad de información que los adultos y sobrecargarles en esos momentos dificultaría mucho su entendimiento. Por eso, recomendamos dar la noticia de la muerte como idea principal y progresivamente ir incorporando más detalles secundarios según veamos si lo está asimilando.

Dependiendo de su edad, los niños van a poder entender lo suficientemente bien cómo sucede la muerte si se lo explicamos desde un punto de vista físico, es decir, como un fallo o paro de las funciones vitales.

Hay que decirles la verdad y atribuir las causas de la muerte al paro de sus órganos vitales: por ejemplo, alguien que muere tras tener un accidente se comunicaría a un niño como que ha muerto porque su cerebro ha dejado de funcionar o sus pulmones ya no funcionan y ya no respira.

Esto les ayuda a ir comprendiendo poco a poco el concepto de muerte y poder aliviar el malestar que les causa pensar que su familiar está sufriendo, que puede tener hambre, frío o sentirse solo. Podemos ayudarnos diciéndoles que cuando una persona muere ya no ve, no piensa, no huele ni siente o que ya no anda, no corre, no ríe y que no puede hablar. También ayuda utilizar algún ejemplo de la naturaleza que pueda entender.

Si reciben el mensaje de que la muerte es algo físico y especificamos sus causas desde esta perspectiva, prevenimos la aparición de pensamientos que ocasionan mucho sufrimiento en los niños. Muchas veces comparamos la muerte con el sueño: «ya no sufre, se ha quedado dormido para siempre» o les explicamos que ha muerto porque estaba enfermo y esto genera mucho temor en los niños porque empiezan a pensar que ellos mismos o los demás familiares pueden morir mientras están dormidos o cuando se ponen enfermos. Hay que decirles que sólo las enfermedades muy graves pueden hacer que nuestro cuerpo deje de funcionar y no decir que las personas que están muertas es como si estuvieran durmiendo. Una analogía que sí les puede servir para entender que cuando uno está muerto no siente nada y tranquilizarles es explicarles que antes de nacer todos estamos muertos. Eso alivia su miedo a la muerte, ya que es como si ya no fuera algo nuevo, sino que ya han pasado por ese «estado» de no existencia antes de existir.

Es importante dejar claras las causas físicas de la muerte también para que entiendan que no son nuestros pensamientos o reacciones emocionales las que la causan. Por ejemplo, estar enfadado con alguien o haberte peleado con tu familiar no le ha causado la muerte, la causa de la muerte ha sido un fallo en su corazón o en sus pulmones. El sentimiento de culpa aparece generalmente en los adolescentes, pero de igual manera, tenemos que tener cuidado con esto y dejarlo muy claro delante de los niños para evitar que se sientan responsables de la muerte.

Sólo cuando hayan entendido que la muerte es algo físico e irreversible, podremos incorporar si así lo deseamos, información religiosa, filosófica o espiritual de acuerdo a las creencias que haya en la familia. Tenemos que tener cuidado en no caer en un intento de suavizar o disfrazar la realidad con el uso de metáforas que sólo crean confusión y sufrimiento en los niños. Creemos que este es uno de los errores más comunes relacionados con el duelo infantil junto con evitar hablar sobre el tema.

Si no dejamos claro que ya no van a poder ver o hablar más con su ser querido, por duro que sea, no podemos ayudarles a generar otros aspectos importantes en el proceso de duelo. A partir de aquí, podemos ayudarles a entender que a partir de ese momento, la forma en la que van a poder «ver a su familiar» siempre que quieran va a ser a través de su recuerdo y en su corazón y que en nuestra memoria «no mueren nunca» porque siempre vamos a poder recordarles y siempre vivirá en nosotros el amor que nos dió esa persona

EDADES

Para poder entender mejor a los niños cuando están pasando un duelo es bueno conocer alguna de las características de cada etapa. Vamos a pasar por las diferentes franjas de edad para poder entenderles mejor y ajustar nuestra ayuda a su capacidad de comprensión en cada una de ellas.

- **De los 0 a los 2 años:** cuando son tan chiquitines lo más importante es poder garantizarles atención y cuidados tanto físicos como afectivos de modo que se sientan protegidos y seguros a pesar de la situación que estamos viviendo. En la medida de lo posible mantener sus rutinas y actividad normal, si el padre/madre no pueden, que alguien de mucha confianza pueda encargarse de ello. Podemos mostrar nuestras emociones sin miedo siempre que no haya un desbordamiento emocional. Debemos tener en cuenta siempre que lo que más puede afectarles cuando son tan pequeños es que estén en su rutina cuidadores que no conocen, vernos fuera de control o que haya cambios muy bruscos en su día a día. Podemos hablar con ellos sobre lo que ha sucedido y sobre cómo nos sentimos con un lenguaje simple y adaptado.
- **De los 3 a los 6 años:** en esta etapa los niños empiezan a estar preparados para entender la muerte desde una perspectiva real. Conviene explicarles que después de la muerte ya nuestro familiar no siente y por tanto no sufre, no tiene miedo, hambre ni frío. Está bien ayudarles a entenderlo evitando explicaciones muy elaboradas que puedan resultarles complejas o adornadas con muchos detalles

(no más de los que ellos nos pidan). No ayuda el uso de metáforas ya que pueden generar confusión, mejor emplear algún ejemplo de la naturaleza. En estas edades es común que aparezca el miedo ante la muerte de otros seres queridos o ante su propia muerte. Estos miedos son normales y hay que manejarlos diciendo la verdad pero ayudándoles a que no sientan que es algo inminente, podemos decirles que es cierto que algún día todos nos vamos a morir, que es algo inevitable pero que todavía nos quedan muchas cosas por hacer juntos y que esperamos estar vivos por mucho tiempo más. También decirles que si eso no fuera así, siempre dejaríamos a alguien encargado de cuidarles muy bien (es conveniente decirles el nombre de personas de mucha confianza) ya que también les preocupa el hecho de quedarse solos en el mundo. Si no tenemos respuesta a alguna de sus preguntas está bien reconocerlo y decirles que no podemos contestarles a esa pregunta porque no conocemos la respuesta o no estamos seguros de ella y no queremos mentirles.

- **De los 6 a los 10 años:** durante esta etapa los niños comienzan a hacer numerosas preguntas ya que empiezan a entender la muerte de una forma más real, comprendiendo todas sus implicaciones. Podemos aprovechar todas sus inquietudes y dudas para clarificar sus fantasías acerca ella y explicarles las formas que tenemos para despedir a nuestros familiares según nuestra cultura. También ayuda hablarles de otras culturas para que conozcan otros rituales diferentes y entiendan lo importantes que son y el sentido que tienen para nosotros. En estas etapas es especialmente importante ir anticipándoles lo que va a ocurrir y permitiéndoles participar en la medida de lo posible en el acompañamiento de su familiar para que puedan ir familiarizándose con el triste final. Es un buen momento para que formen parte de los rituales de despedida. Está bien preguntarles si quieren participar, y si es así, permitírselo estando siempre acompañados de alguien de mucha confianza que les vaya explicando con el mayor número de detalles posible lo que va a ir viendo para minimizar el impacto de ciertas imágenes o escenas. Siempre que les acompañemos con mucho cariño dándoles protección constante y le anticipemos bien el escenario prevendremos el que puedan vivirlo de forma traumática. Una clave para poder minimizar el riesgo de un trauma es que podamos: pensar en ello, hablar de ello y soñar con ello. Durante todo el proceso tenemos que facilitar y sostener la expresión emocional del niño y consolarle cuando manifieste una alta intensidad emocional.

- **De los 10 a los 13 años:** a partir de los 10 años conviene hablar con ellos abiertamente sobre las experiencias y momentos vividos con su familiar, compartir los nuestros o aportar la información que podamos para ayudarles a completar esos recuerdos. En estas conversaciones podemos utilizar algunos recursos que les permitan elaborar la pérdida hablando en pasado del familiar fallecido, legitimando en todo momento sus emociones y permitiéndoles que se expresen libremente sin presionarles y sin juzgar sus pensamientos, indicándoles lo importantes y valiosos que son todos sus recuerdos y que ahora nos cuesta mucho hablar de ellos por todo el amor que le tenemos pero que seguro que más adelante podremos hacerlo sin tanto dolor. También es importante decirles que nadie va a poder reemplazar ni ocupar el lugar de la persona fallecida y que siempre que queramos vamos a poder acceder a los momentos vividos con ellos. Así mismo, podemos hacerles partícipes en la toma de algunas decisiones respecto a los rituales de despedida y preguntarles su opinión directamente para que sientan que tienen un lugar importante y que les tenemos en cuenta.

- **De los 13 años en adelante:** en estos casos ya hablamos de niños adolescentes y es una etapa especialmente sensible y compleja. Cuando se trata de adolescentes está bien facilitar que se sientan colaboradores activos en el proceso dando valor a sus ideas y opiniones pero teniendo siempre claras cuáles son nuestras responsabilidades y asumirlas para que no haya una inversión de roles. No es bueno para ellos, aunque sea lo que nos pide nuestro corazón, mantenerles al margen de lo que está sucediendo ya que pueden sentirse apartados y engañados muy fácilmente. En esta etapa suelen interpretar la realidad de forma radical o reaccionar de manera extrema, algo que tenemos que ayudar a suavizar con mucho tacto y cariño. También es importante permitir que se expresen con niños de su edad, ya que con ellos van a poder mostrar sus sentimientos de manera más libre y así respetaremos su intimidad a la vez que facilitaremos que puedan liberar las emociones que llevan dentro.

Una vez que hemos pasado de forma más detallada por cada franja de edad, vamos a detallar algunas indicaciones sobre cómo podemos actuar y qué debemos evitar cuando los niños están pasando por un duelo.

¿Cómo podemos ayudarles?

Podemos ayudar a los niños a manejar mejor un duelo si intentamos en la medida de lo posible:

1. HACERLES PARTÍCIPES DE TODO EL PROCESO

Los niños son conscientes y se percatan de que algo ha cambiado. Ellos perciben que sus seres queridos están tristes o preocupados. Saben que sus familiares van al hospital y muchas veces ocurren cambios en sus rutinas: van a recogerle al colegio otros familiares, sus padres llegan más tarde a casa o no tienen ganas de jugar con ellos. Es importante hacerles partícipes de todo el proceso desde el principio para que vayan entendiendo qué es lo que está pasando y se familiaricen con la situación. También es importante que en caso de que el fallecimiento sea causado por una enfermedad, se les explique que no todas las enfermedades causan la muerte y que sólo la causan aquellas que son muy graves, para que no se asuste si más adelante mamá, papá o ellos mismos se ponen enfermos, ya que tienden a hacer asociaciones directas o a entender de forma literal lo que les decimos.

2. MOSTRARNOS SIEMPRE DISPONIBLES PARA ELLOS

Tenemos que estar preparados para cuando el niño pregunte pero sin forzar el tema. Va a haber ocasiones en que el niño nos pregunte en cualquier momento: viendo la televisión, jugando o tras escucharnos hablar sobre el tema con otras personas pero habrá momentos en los que quiera hacerlo él porque está pensando conscientemente en ello. Lo importante aquí es recoger su preocupación y mostrarnos abiertos y disponibles para él.

3. ACEPTAR Y NORMALIZAR SUS INQUIETUDES Y PREOCUPACIONES

Los niños necesitan entender la causa de la la muerte de su familiar. Es importante que el niño sienta que está bien preguntar y que, aunque algunas veces no sepamos la respuesta, nos gusta que se acerque y nos haga partícipes de sus dudas, inquietudes o preocupaciones sobre la muerte.

Si nos hace alguna pregunta sobre la que no tenemos una respuesta podemos decirle que es normal preguntarse eso y que a nosotros también nos gustaría saberlo. Que muchas veces no conocemos todo lo que pasa. De esta manera está aprendiendo a tolerar la frustración y la incertidumbre, a saber que no siempre vamos a conocer las respuestas a todo lo que pasa pero que podemos seguir adelante con lo que sí sabemos.

4. ACEPTAR Y LEGITIMAR SUS EMOCIONES: DARLE CONSUELO

Por mucho que intentemos proteger a los niños es inevitable que, tal y como pasa en los adultos, los niños experimenten un gran malestar emocional ante la muerte de un ser querido. Es importante conocer las etapas del duelo y poder ayudarles a que entiendan que sus reacciones y sentimientos son normales. Necesitan recibir nuestra ayuda para poder avanzar en el proceso y llegar a sentirse mejor. Es esperable que haya diferentes reacciones que tenemos que conocer y poder manejar como son la tristeza, que los niños se aíslen o se muestren más callados, irritados o molestos e incluso que tengan explosiones emocionales intensas. A veces lo que más les perturba es no saber qué les pasa o creer que esos estados emocionales van a perdurar en el tiempo. Hay que ayudarles a entender que es normal al principio sentirse así y que si podemos hablar sobre ello poco a poco empezará a ser menos intenso o más soportable hasta que llegue el momento en el que siempre recordaremos a la persona que se ha ido, pero sin sufrir. Una metáfora que puede expresar esto es hablarles de que igual que nuestro cuerpo cicatriza las heridas, nuestra mente sabe también cómo cicatrizar el dolor emocional, y que igual que una cicatriz nos recuerda que hubo una herida pero ya no duele, nosotros nunca olvidaremos a nuestro ser querido, siempre habrá una cicatriz dentro de nosotros que nos lo recuerde, pero sí podremos seguir adelante con nuestra vida y volver a disfrutar de ella dejando atrás el sufrimiento.

En el terreno emocional, podemos ayudarles de varias maneras:

En primer lugar, mostrando abiertamente nuestras emociones y trabajando nuestra propia regulación. No podemos aislar al niño de nuestro dolor, él sabe lo que ha pasado y necesita saber qué hacer para gestionarlo. Permite que el niño vea que te sientes triste pero que puedes hacerte cargo de ello. Así, él va a permitirse expresar sus sentimientos sin miedo.

En ocasiones, hay niños que sienten la necesidad de consolar a sus padres cuando perciben que a estos les desborda la situación a la vez que reprimen las suyas para «no hacerles daño». Por tanto, para permitir una buena expresión emocional del niño primero tiene que haber una adecuada expresión emocional en el adulto.

En segundo lugar, permitirle expresarse y decir que echa de menos a la persona que ha fallecido o que le cuesta mucho tolerar la idea de que ya no la va a ver más y ayudarle a poner palabras a lo que está sintiendo.

Las emociones se sienten en el cuerpo, también podemos ayudarle a localizar dónde se encuentra esa tristeza o ese malestar en su cuerpo para conectar con ella y facilitar su alivio (por ejemplo, en la tripa o el pecho).

En tercer lugar, es muy importante consolar al niño también mediante el contacto físico. A través de las caricias y los abrazos nuestro cerebro genera oxitocina de forma natural. La oxitocina es una hormona muy conocida por sus efectos beneficiosos: ayuda a reducir el estrés y la ansiedad, nos ayuda a sentirnos mejor y promueve el contacto con los demás. Se conoce comúnmente como la hormona del amor o la hormona de la calma.

Escucha, abraza, besa y acaricia a tu hijo todo lo que puedas, a través de estos gestos estás favoreciendo que su cerebro segregue las sustancias necesarias para transitar la situación de una manera más llevadera sintiéndose más calmado.

5. EXPRESAR NUESTROS SENTIMIENTOS DE FORMA TRANSPARENTE Y CUIDARNOS

Es bueno que los niños vean que no tenemos miedo o vergüenza a la hora de mostrar nuestros sentimientos. Está bien permitirles ver cómo nos sentimos siempre que lo hagamos de forma sana y transmitiéndoles la sensación de que no nos desbordan y que podemos hacernos cargo de ellos. La clave está en que no sientan que está comprometida su supervivencia o los cuidados que necesita.

También es conveniente expresar y verbalizar que echamos de menos a nuestro ser querido y no tener miedo a hablar de él en pasado recordando experiencias juntos. Esto va a hacer que el niño también pueda hablar de forma abierta sobre el difunto cuando lo necesite y expresar en voz alta sus recuerdos con él.

6. INTRODUCIR CREENCIAS RELIGIOSAS O ESPIRITUALES

El hablar a los niños sobre creencias religiosas, espirituales y/o filosóficas para proporcionar un sentido de la existencia o sobre el concepto de la trascendencia de la energía o el alma puede ser beneficioso siempre que sea haga de acuerdo a los ritos y creencias familiares y después de haber quedado clara la irreversibilidad de la pérdida. Una vez que nos hemos asegurado de que el niño ha entendido la muerte en todas sus dimensiones, podremos incorporar si así lo deseamos otras explicaciones indicando que sobre esto hay muchas opiniones diferentes, que es muy importante respetarlas todas, que no las conocemos con seguridad y que son sólo creencias, pero que a muchas personas nos gusta pensar sobre ello y tener alguna explicación sobre lo desconocido.

7. CONTAR LA VERDAD OMITIENDO LOS DETALLES QUE NO PUEDAN ENTENDER NI TOLERAR SEGÚN SU EDAD

Los niños se dan cuenta de todo lo que pasa a su alrededor por muy pequeños que sean. Algo diferente es su capacidad de comprensión que, como hemos visto, varía según la edad. Es necesario adaptar nuestro lenguaje al niño, de modo que puedan entender lo que tenemos que decirle.

Lo más recomendable es que siempre que puedan entenderlo se les diga la verdad. No se trata de contarle al niño demasiados detalles pero sí de darle explicaciones sencillas que le permitan entender lo que ha pasado y tratar de evitar el uso de metáforas que puedan confundirle y le hagan creer que su familiar va a volver. Cada familia debe abordar el tema de acuerdo a sus creencias ya sean religiosas, espirituales o desde una perspectiva agnóstica, pero siempre teniendo en cuenta el principio de verdad y la capacidad del niño para comprender lo que se le está diciendo.

Los niños tienen que saber que su familiar ha muerto y que no van a poder verlo más. Necesitan conocer el carácter irreversible de la muerte. Es muy útil preguntarles qué han entendido para que nos devuelvan la información y de esta manera ver que están empezando a comprender lo sucedido.

8. OBSERVAR SU COMPORTAMIENTO Y PRESTARLES MUCHA ATENCIÓN

Es muy posible que, tras la muerte de un ser querido, los niños muestren cambios en sus hábitos o comportamientos y tenemos que estar atentos para poder detectarlos. Muchas veces, esta es la manera que tienen de expresar lo que no pueden decir con palabras. Hay que prestar atención a una posible falta de apetito, menor rendimiento en el colegio, pérdida de interés por las actividades que normalmente le gustan, que tienda a estar más reflexivo o irascible. Hay que tener en cuenta que los niños muchas veces expresan la tristeza a través de la rabia o un mal comportamiento que no es habitual en ellos.

En el caso de adolescentes, además hay que tener en cuenta que para ellos es muy importante su grupo de iguales, por lo que está bien fomentar el contacto y animarles a que hablen sobre lo que ha pasado y cómo se sienten con sus amigos. En esta etapa, además de sentirse tristes o irascibles, pueden aparecer sentimientos de culpa por no haber estado lo suficientemente cerca del ser querido fallecido o por las discusiones que hubieran tenido. Estas reacciones también se abordan permitiendo que se expresen y diciéndoles que es normal sentirse así, que a todos nos ha pasado el arrepentirnos alguna vez sobre ciertos comportamientos y hablarles del perdón. Nos puede ayudar a hablar sobre conceptos tales como el carácter a veces repentino de la muerte y nos permite hacer una reflexión importante: aprender a disfrutar, valorarnos y respetarnos en vida y vivir siempre de forma plena el momento presente.

9. PERMITIR QUE ASISTA A LOS RITUALES DE DESPEDIDA

Los rituales de despedida son necesarios para poder despedir al difunto y para poder empezar el proceso de adaptación a la pérdida. En este caso suele haber mucha controversia sobre si es conveniente o no que asistan los niños.

Siempre que sea posible es recomendable que los niños participen de estos rituales pero teniendo en cuenta algunas indicaciones. No es necesario que vean el cadáver, ya que puede ser una imagen que les produzca un gran impacto. Pero sí es bueno que vayan al hospital, a la ceremonia de despedida o al cementerio. Si los llevamos al tanatorio debemos tener cuidado porque normalmente el féretro está abierto.

Todo esto se puede hacer explicándole al niño cuál es el sentido que tiene, que es una celebración de despedida de su ser querido, que se reúnen toda la familia y amigos porque para todos nosotros ha sido una persona muy importante igual que para él y anticipar los acontecimientos y las situaciones con las que se va a encontrar todo lo que podamos.

Por ejemplo, si va al tanatorio podemos describirle antes el lugar, decirle que tiene varias salas y un hall, que normalmente estaremos un día entero, que va a ver que la gente está triste pero también en otros momentos conversando, que hay muchas flores, etc. De igual manera le podemos anticipar la celebración religiosa si la hubiera o del tipo que sea.

10. ATENDER MIEDOS ASOCIADOS A LA MUERTE

Cuando los niños están en contacto por primera vez de forma directa con la muerte suelen aparecer otros miedos asociados que hay que atender y entender como normales. Es bueno estar preparados para atender y gestionar diferentes miedos: a la propia muerte o a la de otros familiares, que no quieran dormir solos, miedo a la oscuridad, miedo a que puedan ver a algún fantasma o espíritu.

Ayudamos a los niños en primer lugar, normalizando estos miedos, es decir, nunca les diremos que «son tonterías» o que ya son muy mayores para tener esos miedos. Y en segundo lugar, les daremos todas las explicaciones y protección necesarias hasta que poco a poco vayan desapareciendo. Si aun así se mantienen en el tiempo hay que valorar acudir al psicólogo.

Errores comunes a la hora de gestionar el duelo infantil

- *Si le distraemos evitando hablar de ello.* Cuando el niño quiere hablar sobre ello o mostrar su malestar no debemos distraerle para que no lo haga. Sabemos que es muy duro ver sufrir a los niños pero no le damos un mensaje adecuado si intentamos distraerle «para que se le pase». De esta manera le estamos transmitiendo que es un tema del que no se puede hablar y que el propio adulto no puede sostener.

- *Recriminar sus preguntas e inquietudes.* Tenemos que mostrarnos siempre con una actitud abierta permitiendo que nos pregunten sus dudas sobre la muerte sin cuestionarlas (ni criticarlas), indicando explícitamente si podemos o no responder a lo que nos están preguntando.
- *Decirle que no tiene edad para preocuparse por estos temas,* que son cosas de mayores.
- *Evitar emocionarte delante de él:* «*hacer como si nada*». Los niños pueden vernos emocionarnos y esto no les hace daño siempre y cuando nuestras reacciones no nos desborden. Hacer «como si nada hubiera pasado» es mucho más perjudicial para ellos porque estamos demorando el duelo y enseñándoles que no hay permiso para expresar emociones que nos resulten desagradables.
- *Impedir que él se emocione o mirar para otro lado y no atenderlo* por miedo a no saber qué hacer o por el dolor que nos genera verle sufrir.
- *Contarle detalles escabrosos* y si nos pregunta decírselo para que lo sepa, ya que conocer esa información no le va a ayudar y no la necesita para entender lo que ha pasado y, sin embargo sí puede ser difícil de entender para él ahora. Lo que sí podemos hacer es validar que es normal que sienta curiosidad por ello y que preguntarlo está bien.
- *Excluirle de los rituales de despedida.* Es bueno que sienta el calor familiar, que pueda despedirse, no hace falta que vea el cadáver, ayudarle a apreciar también el porqué de los rituales, la parte positiva, el agrupamiento de toda la gente querida, lo importante que ha sido esa persona para nosotros, etc.
- *Alentar sus esperanzas* o darle información confusa o disfrazada para que sea «menos duro».
- *Mentir.* Aunque creamos que los niños no se enteran, mentir nunca suele salir bien, más tarde o más temprano van a descubrir cómo ha sido todo y será mejor que lo sepan de primera mano para evitar daños secundarios y que reciban la información distorsionada o por parte de personas ajenas.
- *Creer que no se entera.* Los niños tratan de protegernos, ¡cuidado!
- *Desbordarte delante de él, expresarte de forma dramática o catastrofista.* Es importante tratar de que el niño te vea lo suficientemente

preparado para soportar ese dolor y esa situación sin que se tambaleen sus cimientos de seguridad, protección, atención, etc y que no sienta que te tiene que consolar y reprimir sus propias emociones para no hacerte más daño. Evitar decir expresiones del tipo: no voy a poder soportar este dolor, no lo vamos a superar nunca, etc.

- *Hacerle creer que tenemos respuestas para todo.*
- *No atender a sus preguntas cuando le surjan.* No mostrarnos disponibles cuando nos necesite.
- *Decirle que no me hable del tema porque me siento más triste o peor.*
- *Evitar hablar del tema si el niño no lo hace.* Si vemos que el niño tiene dificultades para hablar de ello o no lo menciona tenemos que tratar de sacar nosotros el tema, sin presionarlo, pero evitando mirar hacia otro lado y demorar la intervención.
- Pensar que el tiempo lo cura todo, ya que no es del todo así. Es cierto que el factor tiempo es muy importante y que en los procesos de duelo se necesita el paso del tiempo para aprender a vivir sin el fallecido e ir integrando la pérdida, pero lo realmente esencial es «lo que hacemos en ese tiempo» evitando errores que contribuyan a vivir un duelo patológico.
- Tener mucho cuidado y evitar decir cosas del tipo: que el fallecido nos ve desde el cielo o que estará triste o enfadado si le ve hacer algo (ejemplo: cuando se ponen a llorar decirle que su familiar se va a poner triste si le ve así o si se porta mal decirle que a su familiar fallecido no le gustaría verle comportarse así) ya que puede causarle confusión sobre la insensibilidad de la muerte (si ha entendido que tras la muerte «no vemos» y «no sentimos») y le generaría sentimientos de culpa muy dañinos, además de coaccionar su libertad y fomentar la aparición de fantasías que podrían tener consecuencias negativas para su bienestar emocional.

6

Cuando el dolor se complica

No todos los caminos son igual de accesibles, no todos los terrenos son susceptibles de ser transitados. A veces podemos andar por ellos, otras necesitamos un vehículo o incluso hacerlo acompañados por un experto en el terreno y otras veces sencillamente no hay acceso y tenemos que buscar senderos alternativos.

El camino del duelo siempre es un sendero difícil de recorrer, pero hay algunos duelos que se tornan especialmente complicados, que nos dejan sin respiración, que se presentan ante nosotros como un estruendo, sin avisar y ante los que cualquier ser humano puede necesitar ayuda. Da igual lo fuerte que seas, no importa, no se trata de eso, se trata simplemente de que hay sucesos que son mucho más grandes que la fortaleza humana.

Estos senderos son los que se caminan cuando vivimos un acontecimiento traumático: aquellos sucesos que ocurren de manera inesperada, que escapan a toda lógica, a todo principio de «justicia», que amenazan nuestra integridad física o emocional poniéndonos en peligro o viendo cómo otros lo están, sobrepasan con creces nuestros recursos para manejarlos, dejándonos exhaustos, paralizados. Irrumpen en nuestra vida dejándonos muy claro que son más grandes que nosotros.

No hay nada que amenace más nuestro equilibrio interno que el que se rompan nuestros marcos de referencia; aquellos esquemas que nos sirven para dar sentido a nuestro mundo y que nos permiten poder manejarnos en él; y precisamente esta es una de las consecuencias que tienen los hechos traumáticos en nosotros. Nos dejan sin esa efímera sensación de previsibilidad y control, nos zarandean hasta destruir los pilares donde albergamos nuestra seguridad y nuestras expectativas. Tras su paso dejan los efectos de un terremoto emocional de una intensidad mayor a 6,9 Mw en la Escala de Richter.

Los terremotos son clasificados según su magnitud de la siguiente manera:

Mw= mayores de 6.9 ML= de 2.0 a 6.9	Descripción	Efectos	Frecuencia de ocurrencia
Menos de 2,0	Micro	Los microsismos no son perceptibles	Alrededor de 1000 por día
2,0-2,9/ 3,0-3,9	Menor	Generalmente no son perceptibles/ Perceptibles a menudo, pero rara vez provocan daños	Alrededor de 1000 por día 49000 por año
4,0-4,9	Ligero	Movimiento de los objetos en las habitaciones que genera ruido. Sismo significativo pero con daño poco probable	6200 por año
5,0-5,9	Moderado	Puede causar daños mayores en edificaciones débiles o mal construidas. En edificaciones bien diseñadas los daños son leves	800 por año
6,0-6,9	Fuerte	Pueden llegar a destruir áreas pobladas, en hasta unos 160 km a la redonda	120 por año
7,0-7,9	Mayor	Puede causar serios daños en extensas zonas	18 por año
8,0-8,9/ 9,0-9,9	Cataclismos	Puede causar graves daños en zonas de varios cientos de km/ Devastadores en zonas de varios miles de kms	1-3 por año/ 1-2 en 20 años
10,0+	Legendario o Apocalíptico	Nunca registrado	En la historia de la humanidad y desde que se tienen registros históricos de los sismos, nunca ha sucedido un sismo de esta magnitud

Fuente: Wikipedia: es.m.wikipedia.org

Como nuestro cerebro es simbólico y capta muy bien la información metafórica, los conocimientos que tenemos acerca de los sismos pueden ayudarnos a entender en qué estado queda nuestro mundo interior después de la pérdida de un ser querido. No olvidemos que las experiencias psicológicas son todavía grandes desconocidas y necesitan ser entendidas a través de un material que podemos ver con nuestros ojos, que tiene una forma y un lugar definidos, que pueden ser captados, delimitados y reconocidos por nuestros sentidos. Por desgracia, todavía no disponemos de un baremo para el sufrimiento emocional, pero podemos servirnos de estas medidas para poder entender nuestro dolor y las consecuencias que puede tener en nuestra vida y en la de los demás.

Esta tabla puede ayudarte a entender los diferentes tipos de pérdidas y a cuáles nos estamos refiriendo en este capítulo. Creemos que la información que aparece en ella refleja muchas similitudes tanto en los efectos que produce como en la intensidad y la frecuencia de los mismos. Por suerte, a más traumático, menos probabilidad de ocurrencia, pero esto no quiere decir que las experiencias más devastadoras no ocurran, por lo que es muy útil conocerlas para poder buscar ayuda en caso de que nos sucedan.

Estos tipos de pérdidas, las pérdidas traumáticas, pueden hacer que los duelos se enquisten y se vuelvan más complicados, si cabe.

Vamos a hablarte ahora de dos tipos de duelo especialmente complicados que necesitas conocer: el duelo patológico y el duelo diferido.

Duelo patológico

El duelo patológico es el duelo «enfermo», es la herida que se infecta y que necesita atención urgente. Se da cuando la persona no termina de asimilar e integrar la pérdida, generando además otras consecuencias adversas en la persona que lo sufre que le impide poder desarrollar su vida en los ámbitos cotidianos.

FACTORES PREDISPONENTES

En muchos de los casos, el que un duelo se complique va a depender de varios factores, como son los recursos y capacidades de los que dispone el superviviente y el apoyo familiar y social con el que cuenta, pero queremos que pongas atención cuando en la pérdida estén presentes uno o varios de los siguientes factores, porque pueden indicar riesgo y derivar en un duelo complicado:

- La pérdida ha sido sorpresiva, no esperada, rápida.
- Ha habido pérdidas múltiples (varios familiares en el mismo acontecimiento o poco tiempo después).
- Existía una relación ambivalente con el fallecido: mala relación, relación de dependencia, de abuso o maltrato etc.
- Muerte de un hijo.
- Personas desaparecidas.
- Bajo circunstancias especiales: accidente, muerte en acto de servicio, suicidio, incendio, atentado, catástrofe natural, etc.
- Si la persona tiene un tipo de apego inseguro o ya ha hecho duelos patológicos con anterioridad.
- Personalidades dependientes, incapaces de tolerar el dolor emocional extremo o que desempeñan el rol de fuertes dentro de su sistema familiar (no se permiten o no se les permite expresar su dolor y tienen que sostener a los demás quedando su duelo bloqueado).
- Si es un duelo desautorizado, negado: aborto, separación cuando la relación se ha vivido de manera clandestina, etc.
- Rupturas sentimentales después de haber vivido una situación de malos tratos (en todos sus ámbitos).
- Poco o nulo apoyo social.

LAS EMOCIONES EN UN DUELO COMPLICADO

Hay tres emociones muy representativas de este tipo de duelos: la culpa, la vergüenza y el odio.

- Las personas que tienen un duelo patológico se sienten culpables por la muerte de su familiar, se quedan fijados en algo que no hicieron bien, o piensan que la muerte ha ocurrido porque no hicieron lo suficiente. Cuando han presenciado la muerte o es una muerte traumática o se considera antinatural también sienten culpa por seguir vivos.

- La vergüenza es otra emoción predominante que les impide mostrar sus sentimientos ante los demás, se sienten diferentes al resto o no comprendidos.
- El odio también está presente en muchos casos, es la rabia en su máximo exponente y aparece en sucesos como muerte por asesinatos, negligencias o accidentes. Todas estas emociones van a dificultar la resolución del duelo.

CÓMO IDENTIFICAR UN DUELO PATOLÓGICO

El duelo patológico tiene unas características particulares que te pueden ayudar a identificarlo. La persona que lo sufre:

- No tolera hablar de su familiar fallecido y si lo hace le supone un dolor muy intenso.
- Puede tener ansiedad, insomnio y/o sentir una tristeza profunda y duradera que no le permite conectar siquiera con pequeños momentos en los que haya otras emociones agradables. Puede sentirse incapaz de reírse de algo que le cuenten o de sentir alegría si ha pasado algo positivo a su alrededor.
- Reacciona de manera fuerte e intensa ante sucesos poco relevantes y ante los que la mayoría no reaccionaríamos así.
- Quiere seguir reproduciendo la vida que tenía con el fallecido, se resiste a dejar de hacer las cosas que hacía con él o visitar los lugares a los que iban juntos como un desafío a la realidad. No puede deshacerse de los objetos personales de la persona fallecida o quiere dejar todo tal y como estaba antes de morir.
- Re-experimenta lo ocurrido, acuden a su mente pensamientos o imágenes no deseadas y de manera intrusiva. Pesadillas.
- Se siente hipervigilante o en estado de alerta continuo y/o tiene mucho miedo a la muerte.

Si adviertes estos síntomas en personas cercanas o en ti mismo recuerda que es importante acudir a un psicólogo para evitar problemas mayores. Esta es la cara más peligrosa del duelo y requiere atención psicológica.

Duelo diferido

El duelo diferido es otro tipo de duelo complicado, de esos que hay que tratar. Se trata de un duelo aplazado, pospuesto, demorado. Cuando el dolor es extremo, otras de las estrategias que encuentra la mente para poder sobrevivir emocionalmente es aplazar el dolor, «dejarlo para más adelante» y como ya sabemos, esto no es sano, ya que el dolor va ingeniárselas para salir, a cualquier precio.

Cuando necesitamos «más tiempo» para poder enfrentarnos a la pérdida estamos postergando el proceso natural de adaptación a la misma nuestra mente ha evaluado la situación y nuestros recursos para enfrentarnos a ella y el resultado de la evaluación ha sido insuficiente (o de carencia), por lo que necesita demorarlo para «ganar tiempo» hasta que estemos «más preparados». El doliente parece «anestesiado» o «congelado», como si no le doliera la pérdida (porque en realidad todavía no se ha dado permiso para sentirla) y es frecuente que, como una vía de escape, aparezcan síntomas somáticos a través de alguna enfermedad.

A veces este tipo de duelos dan la cara ante la aparición de otros acontecimientos aunque parezcan no tener relación con la pérdida o que resultan menos relevante.

Este tipo de duelo también es peligroso, ya que puede dejarnos atrapados en él durante muchos años y tener consecuencias adversas a muchos niveles, es muy importante buscar ayuda para poder resolverlos. Actualmente existen abordajes psicoterapéuticos muy eficaces que nos ayudan a sentir e integrar el dolor para poder sanarlo.

(...) No podemos decidir hacer desaparecer la oscuridad, pero podemos decidir encender la luz.

(...) Lo cierto es que, a lo largo de nuestra vida, tendremos experiencias desagradables, cometeremos errores y no siempre conseguiremos lo que queremos. Eso forma parte del hecho de ser humano. El problema, y la base de nuestro sufrimiento constante, es la creencia de que el malestar, los errores y la decepción indican algo sobre nuestra valía. La creencia de que las cosas desagradables de nuestra vida son lo que nos merecemos.

Edith Eger, la bailarina de Auschwitz.

Dolor extremo

Dentro de este capítulo hacemos mención sobre dos casos de dolor en su máxima expresión: la muerte de un hijo y la ruptura después de una relación de maltrato.

LA MUERTE DE UN HIJO

El sufrimiento emocional era tan intenso que el cuerpo entero me dolía. Me sentía culpable de respirar. Todo lo que fui hasta ese momento había estallado en innumerables pedazos. ¿Por qué él y no yo? La muerte brutal de mi hijo me convirtió en un espejo roto...

Los alimentos perdieron su sabor, el sueño se hizo pantano; desprovisto de palabras, la única expresión que me quedaba era el llanto. Los seres humanos, las plantas, los animales, los objetos, todos formando parte de él, el mundo entero era su ausencia. Esa inmensa desesperación hizo que me diera cuenta de mi absoluta falta de fe: si había Dios, Él era indiferente. Después de aquello que yo llamaba vida, sólo se nos concedía un abismo negro.

Imposible de aceptar un rostro interior con la capacidad de reencarnar. No había más futuro que las cenizas. Buscando consuelo viajé a México para visitar a mi maestro zen, Ejo Tekata. Sólo me dijo una palabra: «duele». Eso me bastó: no había consuelo. No me quedaba más que soportar el dolor. ¿El dolor, la alegría, la innumerable gama de sentimientos? Nubes efímeras atravesando el azul de un cielo infinito. Si quería volver a vivir, tenía que encontrar en mí mismo aquella región donde lo personal se disuelve, donde ser consiste en aceptar que no se es.

La llaga, si bien no desaparecía, por lo menos dejaba de torturarme cuando me sumergía en el pensamiento puro... Aquel que no expresaba los detalles del individuo, ni sus angustias, ni sus emociones, ni sus deseos, ni sus necesidades, sino que se buscaba a sí mismo, tal un espejo reflejando a otro espejo.

Cuando meditando en mi oscuro rincón de duelo me desprendía del yo personal, entraba en la dimensión donde no hay una verdad sino miles, simultáneas, contradictorias, complejas, simples, útiles e inútiles. Todas, aunque diferentes, se respondían, se entremezclaban, unidas como hermanas en mi corazón, que latía en esa zona donde el dolor era impensable.

Meditar, inmóvil, durante horas, no fue un consuelo para mí, fue una tabla de salvación.

En 1995, a los 24 años, en una fiesta Teo murió de una sobredosis. Hoy cumpliría 45 años. En mi memoria se quedó joven para siempre. Duele.

En lo que has leído no hay ni una sola palabra que no me haya sido dictada por ese centro luminoso que es el fruto de nuestra sombra.

Alejandro Jodorowsky (Facebook).

Sobrevivir a la muerte de un hijo es uno de los sucesos más traumáticos que nos pueden ocurrir. De hecho, no creemos que haya nada peor. A las personas que se les mueren sus padres se les llama huérfanos, las personas que pierden a su compañero de vida se quedan viudos o viudas, ¿pero cómo se llama los padres a los que se les muere un hijo? No tienen nombre. Ni siquiera hay un nombre para ellos. Sólo hay vacío, dolor innombrable.

¡No es justo! No, no lo es, claro que no lo es. No hay palabras de consuelo. Sólo hay dolor. Vacío. La vida no es justa. ¡Cuántas almas brillan en cuerpos ausentes! ¡Cuánta luz rodea nuestro camino! Y hay que acostumbrarse, no queda otra. Porque hay más hijos, o nietos, o padres, porque hay que tirar para adelante, porque te dicen que «a tu hijo le gustaría que fueses feliz», porque encima este dolor no te mata. Es aire emocionalmente letal, pero no mata, es físicamente inocuo. Así que lo único que podemos hacer es llorar, patalear, gritar, respirar, apretar la mandíbula y seguir. Como se pueda. Rodeados de amor y de paciencia y esperando a que el tiempo y los recuerdos vivos dentro de nosotros nos ayuden a continuar dignamente.

Personas bellas donde las haya, padres y madres valientes, rescato para vosotros la maravillosa frase con la que comenzamos este libro y que siempre que la leo o la pienso me viene acompañada de las caras de las personas más bellas, fuertes y valientes que conozco:

(...) Las personas más bellas con las que me he encontrado son aquellas que han conocido la derrota, conocido el sufrimiento, conocido la lucha, conocido la pérdida y han encontrado su forma de salir de las profundidades. Estas personas tienen una apreciación, una sensibilidad y una comprensión de la vida que los llena de compasión, humildad y una profunda inquietud amorosa. LA GENTE BELLA NO SURGE DE LA NADA.

Elisabeth Kübler-Ross

Pon atención en no decir nunca a una persona que ha perdido a su hijo:: «eres muy fuerte, si yo estuviera en tu lugar no podría superarlo» O: «no sé cómo puedes seguir adelante, no sé cómo lo haces, yo no podría ni levantarme de la cama», por ejemplo. Lo primero, porque no estás en su lugar, lo segundo porque sí que podrías, igual que lo hacen ellos, y lo tercero, porque nunca se supera. Que sigan respirando, trabajando o tratando de llevar su vida hacia adelante no quiere decir que lo hayan superado, ni mucho menos, ese vacío les va a acompañar siempre: 24/7.

Esta pérdida ha marcado un radical antes y después en sus vidas, y, en el mejor de los casos, y tras mucho tiempo y ayuda, van a conseguir que opere parte del tiempo en segundo plano, en modo «ahorro de energía», como un fondo de pantalla permanente que a veces se convierte también en la figura principal, pero que alterna su posición para dejarnos continuar con las tareas y los quehaceres mundanos.

Sabemos que cuando decimos este tipo de frases lo hacemos desde un profundo respeto y con el único deseo de animar, pero este tipo de comentarios genera a los padres un gran sentimiento de culpa y les puede hacer creer que a ellos les duele menos la muerte de su hijo porque tiran para adelante, cuando se supone que otros en su lugar no podrían soportarlo, pero ellos sí. Y esto no es así, todos podemos, lo que pasa es que cuando no estamos en su piel no nos lo podemos ni imaginar y creemos que nos moriríamos del dolor, pero no es así, no nos morimos, de hecho podemos seguir viviendo e incluso podremos volver a a tener momentos felices en nuestras vidas a pesar del dolor. Poder elaborar esta ambivalencia es clave en la recuperación emocional de los supervivientes. Esa es la grandeza del ser humano, la capacidad que tenemos para integrar las experiencias traumáticas, de sobreponernos a la adversidad y de poder seguir adelante, es la capacidad de ser resilientes.

A los padres que han perdido a sus hijos sólo les podemos decir GRACIAS y TE AMO. Gracias por enseñarnos lo que somos capaces de conseguir a través de vuestra fortaleza diaria ante la pérdida de un hijo, gracias por seguir adelante cada día a pesar del dolor, gracias por enseñarnos que sí se puede, que con mucho tiempo y mucho apoyo, se puede. Con paciencia, sin prisa, en tiempo perfecto para cada persona. Lleva muchos años poder respirar sin dolor en el pecho, es un duelo tremendamente difícil y que parece imposible trascender pero con ayuda y mucho amor es posible. Un día, que no será el mismo para todos, podrás integrar la pérdida y vivir con ella. Nunca olvidarás a tu hijo, siempre va a ser parte de ti, el vínculo que te une a él no se lo lleva la muerte, podrás sentir su energía amorosa en tu interior, su fuerza, su recuerdo vivo, su luz. Podrás sentir la gratitud por el tiempo que te acompañó en esta vida. Gracias por seguir adelante.

LA RUPTURA TRAS UNA SITUACIÓN DE MALTRATO

Las rupturas son muy dolorosas y sabemos que todos en mayor o menor medida tenemos que enfrentarnos a un proceso de duelo cuando nos separamos, pero hay rupturas que se tornan especialmente difíciles y una de ellas se produce después de haber vivido una relación de maltrato en cualquiera de sus manifestaciones.

Cuando se da una situación de maltrato, la única solución que tenemos, por difícil que sea, es la ruptura.

Una de las primeras dificultades con la que nos encontramos es el hecho de llegar a hacer efectiva la separación. Es algo que resulta muy difícil, y por desgracia, en la mayor parte de los casos esta ruptura llega muy tarde, por lo que la víctima lleva sufriendo y arrastrando las consecuencias del maltrato durante mucho tiempo, acabando su autoestima muy deteriorada.

Cuando una persona se separa después de una relación de maltrato necesita ayuda a todos los niveles. Normalmente las personas que han vivido este tipo de relaciones de pareja no han sido conscientes de ello hasta pasado mucho tiempo y necesitan entender y reconocer el proceso cíclico y destructivo que han vivido, esta no es una tarea fácil.

Además, este tipo de relaciones tienen las siguientes consecuencias:

- Graves daños en el concepto que la persona tiene de sí misma, ya que se deteriora su autoimagen y mina su autoestima.
- Que la persona viva en estado de alerta constante provocando estrés crónico y las consecuencias que esto tiene tanto para su salud tanto física como psicológica.
- Sentimientos recurrentes de miedo, terror y confusión.
- Inestabilidad emocional, como en una «montaña rusa».
- Problemas de ansiedad.
- Posible consumo de sustancias, alcohol, calmantes para «anestesiar» su dolor o «como un intento de escapar a la realidad.»

- Alteraciones en los patrones del sueño. Insomnio.
- Depresión, no ven posible salir de esta situación, viven desde una profunda desesperanza.
- Sentimientos de culpa o pena por el/la maltratador/a.
- Aislamiento social, una de las consecuencias más graves porque les hace ser más dependientes del maltratador/a y a su vez limita la posibilidad de tomar consciencia de la situación que están viviendo y poder recibir ayuda. Viven con una intensa sensación de soledad.
- Dependencia completa (a todos los niveles) del maltratador/a.

(...) Te va a sonar a algo raro y no sé muy bien cómo explicártelo, pero todavía sueño con él. Ahora estoy segura de que no podíamos seguir juntos y no es que quiera volver con él, no es eso, pero siento que le abandoné. Conozco su historia y sé que lo ha pasado muy mal. Su padre fue un maltratador tanto con su madre como con él cuando era pequeño, no ha tenido la suerte de contar con apoyos o de vivir en una familia feliz. Siento que me necesita, ahora veo que es él el que me necesita a mí y no al revés. Me cuesta lidiar con este sentimiento, me hace sentir muy culpable incluso por estar yo mejor, y a la vez tengo miedo de volver a caer en una relación así. ¿Por qué ha tenido que acabar así? Tendría que haberme dado cuenta antes. A veces me vienen imágenes del horror e incluso sensación de ahogo en la garganta si alguien me toca el cuello o cuando intento ponerme algún colgante un poco más ajustado. Sé que todavía me quedan muchas cosas que trabajar, es una mezcla de emociones muy difícil de entender, incluso para mí. Esto no se lo puedo contar a mi familia o amigos porque no lo toleran, no lo entienden, ni yo misma lo entiendo a veces. Es difícil, pero veo que voy avanzando.

Una vez que la persona ha decidido separarse se encuentra en el inicio de un camino que va a requerir pasar por varias etapas. La persona necesitará reconstruir su autonomía, reparar su autoestima y recuperar la estabilidad que tenía antes de comenzar la relación. Esto puede conseguirse con la ayuda de un profesional y de todas las personas de confianza que tenga a su alrededor. Es muy importante contar con apoyos para vivir este duelo.as personas cercanas siempre suelen estar dispuestas para ayudar y son necesarias en este camino.

Algunas recomendaciones importantes para ayudar a una persona que ha sufrido maltrato por parte de su pareja:

- No juzgar. Ahora lo importante es recuperarse y entender lo que ha pasado para poder evitarlo en futuras relaciones. Las personas que han sido maltratadas a medida que van tomando consciencia pueden sentirse culpables por haber permitido algo así. El maltrato, especialmente el maltrato psicológico, en la mayor parte de los casos ocurre de una manera muy sutil y progresiva, opera en escalada. El maltratador/a va mermando las capacidades y recursos que puede tener la persona para defenderse, de manera que cuando se da cuenta realmente de la situación ya le es muy difícil salir de ella. Para entender esto, ilustraremos la situación con un ejemplo: para cocer una rana, se la mete en agua fría y esta se va calentando poco a poco, ya que si metes la rana en agua hirviendo, esta saltará. El maltratador/a va «calentando el agua progresivamente y esto hace más difícil a su víctima el escapar.
- Recomendar asistencia psicológica, social y policial si es necesario.
- Ayudar a la persona a mantenerse firme en su decisión ya que otro de los inconvenientes que podemos encontrarnos es que la víctima mantiene un vínculo muy destructivo, pero muy intenso, con su agresor/a, del que le es difícil «desengancharse». Para poder hacer un proceso de duelo sano hay que evitar el contacto con la ex—pareja de manera rotunda. Cuanta menos comunicación e información se tenga de la otra persona, mejor.
- Normalizar lo que siente, aunque no lo entendamos o nos parezca raro. Desde fuera, es difícil a veces entender el que una persona siga vinculada emocionalmente o le cueste olvidar a alguien que le ha hecho tanto daño, pero si no lo entendemos es porque nosotros no hemos pasado por ello o no conocemos en profundidad los mecanismos psicológicos que operan en este tipo de relaciones. La realidad es que hay muchas personas que caen en esta situación, como el que cae en una adicción de la cual le cuesta salir.
- Reconocer la valentía que ha mostrado al tomar esta decisión y hacérselo llegar de forma explícita. No es nada fácil separarse en estas circunstancias, y cuando la persona se encuentra tan vulnerable es importante reflejarle la fuerza y la valentía que ha demostrado y lo acertada que ha sido su decisión.
- Ofrecer o facilitar toda la ayuda que podamos.

¿Cuándo hay que acudir a terapia y cuál es la labor del terapeuta?

Hay terremotos de intensidad leve que prácticamente son imperceptibles, terremotos de intensidad moderada que dependiendo de cómo esté de preparada tu estructura psicológica van a causarte más o menos daños físicos y emocionales, y otros terremotos que son tan devastadores que probablemente en la mayoría de los casos requieran de ayuda para poder encaminar las labores de reconstrucción.

No todas las personas que sufren una pérdida van a necesitar ayuda psicológica, pero hay casos en los que sin ella nos va a ser mucho más difícil seguir adelante, y otros en los que la persona resulta tan herida que sin la labor de un profesional le será muy difícil sobreponerse.

Si sientes que estás sufriendo un duelo complicado te animamos a que busques ayuda, sólo así podrás evitar daños colaterales y encontrar la salud, la calma y el bienestar que mereces. Actualmente está más que probada la eficacia de los tratamientos psicológicos y ya nadie se lleva las manos a la cabeza cuando escucha que alguien de su entorno va al psicólogo.

Cada vez tenemos más conocimientos acerca de la relación que existe entre la mente y el cuerpo y que esto se ve reflejado en las enfermedades psicosomáticas, enfermedades físicas reales que tienen su origen en un problema psicológico no resuelto o en las que habiendo un componente físico, se ven exacerbadas por el malestar emocional. Los síntomas nos dicen lo que no podemos expresar con palabras, por lo que es preferible no esperar a que hable nuestro cuerpo, mirar hacia otro lado o esperar que el tiempo «lo cure todo». Esta actitud sólo puede agravar y cronificar el problema. Lo que cura no es el tiempo, sino lo que hacemos en ese tiempo. Hay duelos que quedan congelados o que se complican, como heridas abiertas que no terminan de cicatrizar o que se infectan. Cuando esto sucede, hay que actuar.

La figura del terapeuta todavía no es conocida por todos, tan sólo por aquellas personas que ya han pasado por la experiencia de ir a psicoterapia o conocen a alguien que lo haya hecho y que lo haya compartido con ellos. El terapeuta no es un salvador ni puede eliminar el dolor que sientes en tu corazón, pero sí puede ayudarte a canalizar las emociones que quedan atrapadas, puede ayudarte a elaborar las creencias que hacen que no confíes en ti o que creas que no puedes volver a confiar en los demás. Un psicólogo puede hablar con la parte de ti que cree que no va a poder soportar este dolor, guiarte y acompañarte en el camino del duelo sosteniéndote emocionalmente hasta que puedas hacerlo tú mismo.

Ir a terapia es aprender a elaborar una nueva narrativa de la situación que contenga e integre todos los elementos de forma coherente, hasta que tenga sentido para ti impidiendo que ese episodio de tu vida se quede encapsulado, apartado de todos los demás.

El papel del psicoterapeuta es evaluar y reconocer las tareas del duelo que no se han podido llevar a cabo y las facilita para que puedan ser experimentadas dentro del marco de un vínculo terapéutico sano y fuerte, proporcionándote un entorno seguro y que respeta tu privacidad.

El trabajo terapéutico te permite aceptar el carácter irreversible de la pérdida y recolocar emocionalmente a tu ser querido fallecido para establecer una relación simbólica. No es olvidar, es abrir la caja de tus sueños rotos para poder transformarlos, es permitir expresar las palabras que no te atreves a decir, que no toleras, que rechazas e intentas alejar de ti pero que paradójicamente se convierten en los alfileres de tu alma.

Cada vez hay más personas que no titubean a la hora de pedir ayuda y que comparten su experiencia para que otros sigan su estela. Gracias a todos ellos por hacer visible nuestra labor y nuestra disciplina.

En terapia se abrazan y legitiman tus emociones, sin juzgarlas, sin negarlas, sin aplastarlas.

Al psicólogo no se va porque sí, se va porque se necesita. Es importante acudir al psicólogo cuando sufres, cuando se bloquea tu mente, cuando grita tu cuerpo, cuando enferma tu alma. Es vital que te permitas recibir ayuda de un profesional cuando esto sucede. Hay veces en que la carga es tan pesada que nosotros solos no podemos con ella, si sientes que es así, deja que un psicólogo, sea tu «sherpa emocional», aligere tu carga y te guíe en el camino del duelo. Con ayuda, siempre es más fácil..

Todo esto con mucho amor y rigor, a partes iguales.

Esta es la hermosa labor del psicoterapeuta.

Parte 2

SUPERANDO EL DUELO

7. Cómo ayudar a alguien que acaba de sufrir una pérdida

Una vez que el hecho ha sido constatado nos enfrentamos a una de las situaciones más difíciles en las que los seres humanos nos podemos encontrar. Acompañar en el dolor es una tarea compleja, nos tenemos que enfrentar tanto a nuestros sentimientos como a los del doliente, requiere enfrentarnos a la incertidumbre, cuidar nuestro lenguaje (verbal y no verbal), un manejo adecuado sobre nuestras propias reacciones emocionales y las de los demás y todo esto además se puede ver agravado si se da en condiciones adversas en las que pueden influir factores como: tiempo limitado para actuar, no disponer de un lugar adecuado en el que poder conversar con los dolientes o disponer de pocos recursos.

¿Cómo no va a ser, entonces, una tarea difícil para nosotros y en la que no nos sentimos seguros y preparados?

En nuestra sociedad solemos tener más información sobre cuidados básicos sanitarios que sobre cuidados psicológicos. Estamos más acostumbrados a saber cómo actuar cuando está en riesgo nuestra salud «física» como, por ejemplo, cómo actuar cuando nos hacemos una herida, una quemadura o incluso tenemos nociones sobre cómo realizar una maniobra de RCP (reanimación cardiopulmonar) si alguien se encuentra en parada cardiorrespiratoria. Sin embargo, cuando lo que está en riesgo es nuestra salud «psicológica», actuamos desde la incertidumbre sin saber muy bien si lo que estamos haciendo o diciendo es adecuado o si por el contrario estamos ocasionando más daño a la persona que se encuentra en circunstancias difíciles generándonos un gran conflicto interno.

Que pongamos más atención al cuidado de nuestra salud física tiene mucho sentido, ya que estamos preparados biológicamente para sobrevivir y anteponer la supervivencia al bienestar o la felicidad. Y, de hecho, hasta hace pocos años, poco se hablaba de la importancia y las repercusiones que tienen los pensamientos y las emociones en nuestro estado general. El conocimiento del ámbito psicológico ocupaba un segundo plano, pero, afortunadamente, con el tiempo, la sociedad es cada vez más consciente de que atender y cuidar nuestra salud mental es de vital importancia para afrontar la adversidad y que ambas, salud física y salud psicológica, están estrechamente relacionadas y se influyen de manera bidireccional. Por eso creemos que conocer cómo funcionamos y disponer de herramientas para manejarnos en situaciones adversas puede ser de gran ayuda, ya que contribuye al bienestar y nos permite avanzar y crecer.

Conociendo algunas indicaciones y aplicándolas en nuestro entorno podemos conseguir que aquellas personas que se están enfrentando a la pérdida puedan hacerlo de una manera más protegida y ayudarlas a que ese duro trance sea más llevadero. No necesitas ser psicólogo o psiquiatra para poder hacerlo bien, tu presencia amable unida a unos conocimientos básicos sobre cómo acompañar en estas situaciones pueden marcar la diferencia aliviando el sufrimiento del doliente, reduciendo en la medida de lo posible su impacto e incluso ayudándole a prevenir un duelo complicado.

Es importante que tengas presente y recuerdes en todo momento que tu labor como acompañante no es cubrir la de un profesional especialista en estos temas sino que tu función es única, es muy valiosa y cumple otros criterios que son clave en el proceso de duelo. Por tanto, DESCANSA, «sólo» tienes que hacer de amigo, pareja, compañero, o familiar.

Tener esta idea en cuenta es la *primera recomendación* que te ofrecemos. De esta manera, tratamos de aliviar el peso que sentimos cuando inconscientemente nos atribuimos una responsabilidad que no nos corresponde y para la que no estamos preparados porque no somos profesionales ni podríamos asumirla por nuestro parentesco con el doliente y muchas veces lo que ocurre es que la propia presión a la que nos sometemos impide que podamos ofrecer la ayuda para la que sí estamos legitimados por el grado de cercanía y cariño que nos unen a la persona que nos necesita en esos momentos.

También pasa a la inversa, ya que los profesionales de la psicología tampoco podemos hacer de «amigos» de nuestros pacientes ya que les dejaríamos sin psicólogo y no estaríamos cubriendo las necesidades que nos corresponden en esa área del tratamiento del duelo.

Míralo de la siguiente forma: si alguien que está a tu lado tiene un accidente, tú no puedes realizar una intervención médica y tampoco sientes que tengas que hacerlo. En esos casos solemos tener nuestras funciones más claras y ajustadas a la realidad, que no son ni más ni menos que llamar cuanto antes a los servicios médicos de urgencias y, mientras vienen, realizar las actuaciones básicas oportunas para las que te sientas preparado, como por ejemplo, realizar un torniquete si está sangrando mucho o decirle que no nos vamos a mover de su lado y que la ambulancia está en camino.

Recuerda, «de psicólogo sólo puede hacer un psicólogo», por lo que es normal que a veces:

- No sepas qué decir y qué no decir.
- No sepas cómo decirlo.
- Tengas dudas sobre cuánto decir o de si puedes hacer daño al decirlo.
- Si estás preparado o no para hacerlo.
- Te sientas triste, con miedo, rabia o vergüenza.
- Te sientas muy frustrado.
- Quieras evitar la situación.

Estas reacciones son totalmente normales, nos pasan a todos. Existe una frase que es muy conocida en el ámbito de la atención en crisis y que se utiliza para estas ocasiones: «Son reacciones normales ante situaciones anormales», refiriéndose esto a que son circunstancias adversas a las que, afortunadamente, no nos enfrentamos todos los días. Debemos tener en cuenta que la muerte de un ser querido produce una ruptura radical, devastadora y profunda en nuestra vida y en las expectativas que tenemos respecto al futuro.

Al ser conscientes del carácter irreversible de la situación y unido a la incertidumbre de pensar en si vamos a ser capaces de soportar el dolor o cómo va a ser nuestra vida a partir de ahora, se genera un estado de crisis que provoca un malestar muy intenso, llegando incluso a desbordarnos emocionalmente y ante el que intentamos ejercer resistencia.

Por tanto, como acompañante activo, entendemos que en esos momentos te encuentras en una situación muy desagradable y hacemos especial hincapié en la importancia de afrontarla tratando de no caer en la evitación o diciendo cosas que puedan dificultar la expresión emocional del doliente.

Como familiares, amigos, compañeros de trabajo o vecinos, podemos encontrarnos en circunstancias en las que tengamos que recurrir a pautas de este tipo que nos permitan mirar a los ojos a nuestros seres queridos mientras nos mostramos disponibles para ellos.

Mirar de frente al dolor y verlo en la expresión del superviviente te coloca automáticamente en un estado de vulnerabilidad, convirtiéndote en participante activo y haciendo que también seas una de las personas afectadas. En emergencias se habla de diferentes tipos de víctimas (primarias, secundarias y terciarias) y se sabe que todas ellas, en mayor o menor grado, se ven afectadas, incluyendo a los propios profesionales que también forman parte de la escena y tienen que jugar el rol de contener emocionalmente a los familiares más cercanos.

Es importante que tengas presente en todo momento que lo que sientes es normal, muchas veces tenemos que hacerlo sintiendo ese nudo en la garganta o en el estómago pero todo pasa por afrontarlo con valentía y autocompasión, motivados por el deseo de acompañar a las personas que queremos en el tramo más difícil de su vida y sabiendo que en la vivencia de estas experiencias es donde podemos encontrar el sentido de la vida.

(...) Todos sabemos que los girasoles buscan siempre la luz del Sol... pero lo más sorprendente es que, en los días nublados, se miran los unos a los otros buscando la luz en cada uno.

Es en la naturaleza donde encontramos todas las respuestas, cuando no tenemos sol, nos tenemos los unos a los otros.

Anónimo

Guía de primeros auxilios psicológicos en las primeras etapas del duelo

MOMENTOS INICIALES

Lo primero que tenemos que tener en cuenta al conocer la noticia de un fallecimiento es el espacio físico en el que nos encontramos y en el que vamos a tener que atender los cuidados básicos de la persona. Preparar el lugar en la medida de lo posible es muy importante para que sea un entorno seguro, en el que disponga de intimidad para ventilar sus emociones y ,al ser posible, con la presencia de personas cercanas o que le resulten familiares.

Si no es así, tenemos que tratar de facilitarle los medios para que contacte con más familiares o personas de confianza preguntándole directamente quién desea que esté con él en esos momentos y, siguiendo sus indicaciones, hacer la llamada nosotros mismos para reunir a las personas más cercanas a él. El apoyo social es de vital importancia.

Tratar de que beba un poco de agua o se tome alguna infusión con efecto calmante para que le ayude a ir gestionando el impacto de la noticia también puede ser recomendable en estos momentos.

Acompañarle permaneciendo cerca pero permitiendo a su vez que se mueva y se exprese libremente a nivel verbal y también corporal. El contacto físico ayuda mucho

En esas situaciones solemos decir cosas para distraer al doliente porque nos cuesta mucho aceptar que no podemos «solucionar su problema» o evitar el dolor que está sintiendo.

La forma de acompañar aquí es diferente a lo que pensamos normalmente, él no necesita que le digamos» las palabras mágicas,» ya que en su interior sabe que no son verdad, por tanto, nuestra tarea en esos momentos es permanecer cerca para reducir su sensación de soledad y recurrir a la escucha más que intentar rellenar estos momentos con palabras.

En estas ocasiones, ante la incertidumbre y angustia que sentimos, hacemos un uso de tópicos con el deseo de «animarle» o porque nosotros quedamos bloqueados y esto sólo puede hacer que incremente su malestar y reprima el expresar lo que verdaderamente está pensando y sintiendo.

Evitaremos decir, por ejemplo, frases del estilo: ahora tienes que ser fuerte, tranquilízate, todo pasa y saldrás adelante, todavía te quedan muchas cosas buenas (hijos, trabajo, pareja, etc), ya ha dejado de sufrir, seguro que está en un lugar mejor y no quiere verte así, etc. Ahora no es el momento más que de escuchar, acompañar, permitir y legitimar su dolor. Ir en dirección contraria a esto es lo que no debemos hacer.

Además de estas actuaciones, disponemos también del contacto físico que podremos utilizar dependiendo del grado de confianza que tenemos con la persona. Cuando no sepas qué decir, abraza, mira con amor, permanece a su lado, acaricia su mano, muéstrale que le estás escuchando, que estás presente para él con todos tus sentidos.

Facilitar este espacio al doliente es de vital importancia para el cuidado de su salud psicológica y emocional y va a permitir que el proceso de duelo se desarrolle adecuadamente y no se quede atrapado o enquistado en las fases iniciales.

CONOCIENDO LA VERDAD

En esos primeros momentos lo que mejor funciona es lo más básico: dar la información que tenemos sobre lo que ha sucedido o ayudarle a conseguir lo que necesita saber si nosotros no disponemos de todos los datos.

Manejar la verdad es una tarea compleja para los acompañantes, hay que tener presente siempre la premisa de *no mentir* pero sí omitir, siempre que sea posible, los detalles más desagradables o escabrosos sobre las circunstancias de la muerte a menos que la persona te lo pida de forma explícita. Es recomendable ir despacio para no adelantarnos y no dar más información de la que el doliente te pide.

Como recursos para estos casos, conviene *preguntar qué sabe* acerca de lo que ha ocurrido. Tenemos que hacerlo de forma *directa y clara* a través de preguntas abiertas.

Aunque nos dé miedo hacerlo, para poder obtener la información necesaria desde la que poder dirigir nuestra ayuda necesitamos saber con seguridad si ha entendido lo sucedido, ya que, como ya sabemos, por el estado de shock en el que se encuentra puede que no esté procesando la realidad igual que nosotros, puede ser consciente o no por momentos, caer en contradicciones... todo esto es normal.

Tenemos que interesarnos en saber cuánto de consciente es ahora, cómo de realista es su percepción de la situación y qué expectativas y fantasías maneja en estos primeros momentos. Nuestro objetivo es proporcionarle los ingredientes necesarios que le ayuden a aceptar la realidad y, a nivel psicológico, esto sólo puede hacerse eliminando las fantasías y esperanzas irreales que se generan al conocer la pérdida. Es la única manera de ayudarle a revertir el estado de shock.

Somos conscientes de que hacer este tipo de preguntas puede generarnos mucho temor y angustia, pero queremos decirte que actualmente existen evidencias científicas en las que nos podemos apoyar y que muestran los *beneficios psicológicos* que nos proporciona *conocer la verdad*, por dura que sea, para poder afrontar de forma sana y paulatina el *proceso de aceptación* de la muerte. Saber esto nos ayuda a tener la certeza de que esta actuación va a ser muy importante para la persona que acompañamos y que nuestro papel es ayudarle a aceptar la difícil realidad ajustando sus esperanzas a ella y confrontando (o no alimentando/ reforzando) sus fantasías.

Es importante que la información que vaya recibiendo siempre sea sincera y realista teniendo en cuenta su estado y deseos en el momento y no eludir la palabra muerte o no evitar hablar del fallecido en pasado.

Para valorar su estado interno podemos apoyarnos en la observación de la coherencia entre estas tres líneas: *lo que dice, cómo lo dice y lo que hace*.

Estamos hablando de verdades que son muy difíciles de escuchar y cuya aceptación va a tener que hacerse de forma progresiva, por lo que cabe esperar comportamientos o verbalizaciones poco coherentes por parte del doliente. Si advertimos alguna actitud ambigua o contradictoria, podemos utilizar alguna estrategia de clarificación o repetir la información con las mismas palabras, para asegurarnos de que está entendiendo lo que le decimos y seguir ayudándole a dar un paso más en su toma de conciencia.

Podemos imaginar la siguiente analogía: cuando damos de comer a un niño, no podemos darle toda la comida a la vez y de cualquier manera, tenemos que irle facilitando el proceso a través de ver si está fría o demasiado caliente, trocearla según su edad para que no se atragante, darle el tiempo que necesite para masticar o saber qué hacer si se atraganta. Este ejemplo puede ayudarte a entender cómo dosificar la información y observar las condiciones en las que se encuentra la persona por lo que dice y por lo que hace para que la vaya aceptando de forma progresiva. Aquí, como en todo el proceso, juega un papel crucial *observar*, *escuchar* más que hablar y la importancia de las *pausas* como espacios de tiempo que la persona necesita para «digerir» la información y que nosotros necesitamos para darnos una tregua durante la cual podemos apreciar las señales que van a ayudarnos a poder seguir ofreciendo de forma segura nuestra ayuda.

EXPONERNOS A LO MÁS DIFÍCIL: CUANDO YA NO HAY POSIBILIDAD DE ESCAPAR

El momento del velatorio es especialmente crítico y es donde surge la pregunta más difícil, si cabe, de todas. ¿Es o no recomendable ver el cadáver de tu ser querido?

¿Por qué nos cuesta tanto? El momento de ver el cuerpo sin vida de alguien que amamos nos enfrenta de forma directa ante la difícil realidad y es donde perdemos la posibilidad de escondernos de ella fantaseando o negándola dentro de nuestra mente.

Como ya hemos comentado, las verdades son necesarias, y sin ellas, no podemos aceptar completamente lo que ha ocurrido, por tanto, no sólo se recomienda, sino que es necesario ver el cadáver para poder ayudar a nuestro cerebro a creérselo. En este caso, necesitamos *ver para creer*.

Tan sólo se desaconseja ver el cuerpo si las circunstancias de la muerte lo han dejado en muy malas condiciones (quemaduras graves o si está muy desfigurado). Aunque cada vez hay más profesionales de la tanatopraxia que se encargan de suavizar los rasgos traumáticos de la muerte, aun así a veces no es posible. En estos casos, podemos sugerir que no es recomendable verlo pero si quiere hacerlo (y muchas veces es así) sólo podemos ayudar anticipándole que lo que se va a encontrar va a ser muy desagradable para él y diciéndole que es una persona muy valiente al querer hacerlo.

Existen muchas diferencias entre nosotros a la hora de enfrentarnos a esta situación. Por un lado, quieres hacerlo, pero por otro sientes mucho miedo También hay personas que se pueden obsesionar con esta decisión porque creen que esa va a ser la única imagen que van a recordar de su familiar. En estos casos, nuestra labor puede ser reconocer y decirle que sabemos que este momento es uno de los más duros de su vida pero que es necesario para poder elaborar lo que ha sucedido. A partir de ahí, cuando ya no hay opción de «escapar» a la situación, podemos ayudarle a encontrar la manera y el momento de hacerlo. Favorecer que sea el propio doliente el que elija cómo y cuándo hacerlo y mostrarnos disponibles para acompañarle si así lo desea. Si nos dice que prefiere hacerlo solo, lo respetamos y le indicamos que nos vamos a colocar en un lugar cercano (especificarle dónde exactamente) para que pueda acudir a nosotros. De esta manera sabe dónde estamos pero no invadimos ese momento tan íntimo y necesario.

Uno de los pensamientos que más miedo y angustia nos producen y que es muy frecuente es creer que se nos va a quedar esa imagen «grabada para siempre». Creemos que ya no vamos a poder recordar a nuestro familiar con vida y queremos decirte que, efectivamente, es muy probable que esa imagen la recuerdes de manera involuntaria durante algún tiempo, pero es importante que sepas que esto no va a ser así para siempre. Aunque hay mucha variabilidad entre de cada persona, normalmente esta imagen aparece incluso sin que la queramos recordar durante las primeras semanas después del suceso, pero después, poco a poco, va a ir alojándose en un lugar más inaccesible de nuestra mente y sólo aparecerá cuando realmente tengamos la intención de recordarla.

Por tanto, no hay que asustarse si al principio te viene esta imagen a la mente, ya que poco a poco va a ir desapareciendo y perdiendo detalles, de modo que se hará menos intenso el dolor asociado al recuerdo de la misma.

Acompañar y recomendar a una persona el enfrentarse a este momento, reconociendo y permitiéndole expresar sus miedos y ayudándole a reducir su angustia con los conocimientos que ya posees, es una condición necesaria que le ayudará a comenzar su duelo y a aceptar el hecho como inevitable. Sabemos que es muy difícil, pero te recomendamos enfrentarte a ello con la certeza de que, aunque es una imagen muy impactante, esta imagen no va a ser la única que recordará y a medida que vaya pasando el tiempo vendrán otro tipo de imágenes y recuerdos de su vida compartida y esta última sólo vendrá cuando la busque conscientemente.

Debemos mencionar que hay muertes que son especialmente traumáticas o personas que por sus características de personalidad o vivencias anteriores pueden estar en riesgo de vivir un duelo patológico. En estos casos, si el recuerdo angustioso de la imagen o los detalles de la muerte siguen apareciendo de manera involuntaria e intrusiva tras las primeras semanas (a partir de un mes) y/o vemos que aparecen comportamientos extraños en el familiar tales como: dificultades serias para reanudar sus actividades diarias (higiene, actividad laboral o académica), distorsión de la realidad, malestar emocional intenso que le desborda o creencias negativas acerca de sí mismo y del futuro (atención a la ideación suicida) debemos alentarle a que acuda a un psicólogo de confianza con el fin de evitar un posible cuadro de estrés postraumático o algún trastorno del estado de ánimo como los trastornos de ansiedad y la depresión clínica, entre otros.

Respecto a este tema solemos encontrarnos que las personas se asustan y tienen dificultades para diferenciar cuándo son reacciones propias del duelo o cuándo se empieza a considerar que la persona está desarrollando un duelo patológico, tenemos que ser pacientes y no asustarnos, ya que al principio este tipo de reacciones son normales y esperables y sólo se consideran un problema cuando persisten en el tiempo y/o son conductas y expresiones extrañas.

EL SOSTÉN EMOCIONAL

Brindar apoyo emocional al doliente le ayuda a sentir el dolor y poder liberarlo. A nivel emocional, nuestro trabajo se basa principalmente en: empatizar, contener y sostener su dolor.

Se trata de conectar desde el corazón y de forma auténtica mientras permaneces a su lado sin juzgar sus reacciones.

En este terreno nos va a ayudar *«pensar con el corazón»* y dejar a un lado lo que nos pueda decir nuestra mente racional. Por eso, siempre es más importante por el impacto que causa en nuestra mente lo que hacemos que lo que decimos.

Cuando te preguntes si lo que estás haciendo realmente está sirviendo de ayuda, piensa que a través de tu propia regulación emocional mientras permaneces a su lado en estos duros momentos, de manera inconsciente, le estás mostrando que él también va a poder sostener sus emociones. Por esto es tan importante no escapar a la situación o evitar hablar de ello de forma directa, sin mentir ni disfrazar la realidad. Lo que ha pasado debe ser contado para poder ser aceptado. Sin aceptación no hay crecimiento y el proceso de duelo se puede dificultar formando un círculo vicioso muy dañino y derivando en otros problemas secundarios como hemos señalado anteriormente (depresión clínica, adicciones, trastornos de ansiedad, aislamiento, ideación suicida, etc).

Ante la noticia de una pérdida o un fallecimiento el cerebro se queda bloqueado. Por un lado eres consciente de lo que está sucediendo, pero por otro es algo tan traumático y difícil que gran parte de nuestro cerebro se queda «atrapado» en ese momento. Piensas que esto no puede estar pasando, incluso puedes sentirte «embotado» y alejado de la realidad, teniendo dificultades a la hora de percibir el entorno y procesar la información. Esto sucede porque es algo tan doloroso que nuestro cerebro activa una serie de mecanismos de defensa para ayudarnos a ir procesando lo que ha pasado poco a poco. Necesitamos de alguna manera «dosificar» ese acontecimiento, porque si no sería insoportable ser conscientes de lo sucedido de una sola vez. Como vimos en el primer capítulo, el duelo pasa por diferentes etapas que son necesarias y tenemos que comprender el sentido que tienen. Es muy importante conocer mínimamente cómo funciona nuestro cerebro en estas situaciones para no asustarnos y facilitar al doliente que le pueda ir poniendo palabras a las sensaciones aunque sean desconcertantes y muy desagradables.

En este estado cabe esperar que el superviviente experimente un amplio abanico de emociones y que las experimente de forma ambivalente y variable. Puede pasar muy rápido de un estado emocional de tristeza, a otro de angustia, esperanza o sensación de irrealidad. Acompañarle calladamente y no forzarle a pasar a otro estado, ya que necesita pasar por todos ellos para ir procesando la situación.

ALGUNAS ESTRATEGIAS DE AYUDA PARA TODO EL PROCESO

Normalizar, permitir *sentir* y *verbalizar* a la persona que sufre su dolor de forma genuina son claves en el proceso, recordando la frase que nos sirve de guía: «son reacciones normales ante situaciones adversas». Tener en cuenta esto nos va a permitir entender que dentro del proceso de aceptación de la pérdida podemos encontrarnos, como ya sabemos, con actitudes ambivalentes y contradictorias que son propias de los primeros estadios del duelo.

Es muy importante que le permitas expresarse desde una *actitud cercana*, evitando hacer gestos que pueda interpretar como juiciosos, acompañando desde una postura corporal relajada y que muestre apertura (evitar cruzar brazos y piernas), emocionándote con él si nace de tu interior ese sentimiento. El acompañamiento emocional es complejo, pero recuerda que tu papel es *acompañar* teniendo en cuenta dos principios: no evitar la situación y estar lo suficientemente disponible como para que la persona sienta que tu acompañamiento es cercano y verdadero, pero sin dejarte llevar por la intensidad de sus emociones para que puedas estar a su lado durante todo el proceso con el menor riesgo posible para tu salud emocional.

Puede ayudarnos a situarnos mentalmente la metáfora del fuego: si nos acercamos demasiado podemos quemarnos pero si nos alejamos mucho morimos de frío. Se trata de estar lo suficientemente cerca como para que sienta tu calidez sin agobiarle o invadir su intimidad y de forma que la intensidad de sus emociones no te atrapen para que puedas seguir manteniéndote lo suficientemente fuerte como para poder acompañarle en todo el proceso.

Ofrécele las condiciones idóneas para que, sostenido con tu presencia, pueda ventilar y expresar lo que siente, lo que le gustaría que hubiera sido, lo que no entiende, con lo que está enfadado...ahí, próximo a él, respirando, mirando con calidez y siendo honesto, reflejándole lo que recibes sin interpretar.

Abrázale. A veces las palabras sobran, o no son suficientes, y lo que más puede aliviar es, simplemente, un abrazo reconfortante. Está comprobado científicamente que cuando nos abrazamos liberamos oxitocina, la llamada «hormona del amor». Esta hormona nos ayuda a sentirnos en paz. También segregamos dopamina y serotonina, hormonas también asociadas a estados de bienestar y serenidad.

Por ejemplo; si te dice que no va a poder soportar el dolor, no es aconsejable decirle que sí que va a poder, es mejor devolverle esta afirmación: entiendo que ahora no puedes soportar este dolor y sientes que no vas a poder hacerlo. Muchas veces no necesitas decir nada más elaborado que el propio reflejo de lo que la persona está transmitiéndote, mostrándole que vas a estar ahí para él, estando a su lado sin pretender evitarle que se sienta así, respetando su dolor.

Ahora es el momento de que ponga en palabras todo esto y eso está bien. Eso es sano. Eso ya le está curando.

Para no frustrarnos es importante tener presente en estas situaciones que no hay nada que podamos hacer para evitar el dolor de esa persona, por tanto, no hay que tratar de rellenar todos los espacios con palabras, no existen palabras o frases mágicas que puedan impedirnos pasar por ese dolor. Sólo podemos sentirlo, llorar, gritar o abrazar a alguien, permitirnos pedir qué es lo que necesitamos realmente en ese momento.

Si eres acompañante, pregunta: ¿cómo puedo ayudarte?, muchas veces con esta simple pregunta podemos ser de mucha ayuda. Si somos los dolientes podemos permitirnos el pedir lo que en ese momento necesitamos sin miedo.

No es recomendable hablar demasiado en estos momentos porque las personas no somos capaces de procesar toda la información en esos momentos, ya que estamos viviendo uno de los acontecimientos más estresantes de nuestras vidas. No hay nada que podamos decir que le impida calmar su dolor más que el poder expresar todo lo que siente sabiendo que hay alguien al lado que le va a escuchar sin jugar y sin interrumpir. Se trata de acompañar en el dolor, no de «dar soluciones» ni de protegerle de un dolor por el que inevitablemente tiene que pasar.

PAPEL ACTIVO DEL DOLIENTE

También es recomendable pedirle y favorecer su colaboración preguntándole cómo podemos ayudarle y que nos diga qué actuaciones concretas podemos realizar nosotros que puedan aliviar su estado.

En estos momentos también es importante permitirle que asuma responsabilidad en cómo desea ser ayudado, preguntándole qué podemos hacer ahora para calmar su ansiedad, delimitando y definiendo las conductas de ayuda de forma clara. Por ejemplo, puede necesitar que hagamos alguna llamada a algún familiar, al trabajo, o para solucionar algo que le preocupa y para lo que no se siente preparado en ese momento. Nuestra función en ese sentido es hacerle partícipe y llevar a cabo las actuaciones que podamos para reducir la ansiedad y la preocupación del momento.

Animarle a que pregunte todo lo que necesite saber, que no se quede con dudas. Fomentar a que forme parte activa en las decisiones del proceso de despedida. En este caso, le ayudamos a que sus deseos estén ajustados a la realidad y buscamos a los colaboradores que sean necesarios para llevar a cabo sus indicaciones.

AUTOCUIDADO

Además de la información que encuentras en este capítulo y en el libro en general, nos gustaría que tuvieras presente que, tal y como hemos reflejado, acompañar en el dolor es un proceso estresante y en el que tú también necesitas cuidarte.

El autocuidado debe convertirse en uno de los pilares de tu ayuda, aunque suene paradójico. Cabe aquí esta frase tan conocida: «no podemos dar lo que no tenemos» por tanto, «no podemos cuidar a otros si no podemos cuidarnos a nosotros mismos».

Si estás cansado o no te sientes preparado para ello en algún momento, delega en alguna persona de confianza que pueda seguir con ello y busca ayuda y asesoramiento para facilitarte la labor tan importante que estás llevando a cabo.

Te proponemos «practicar la pausa»:

- ♦ Cuando tengas dudas sobre qué hacer.
- ♦ Cuando tengas dudas sobre qué decir.
- ♦ Cuando sientas miedo, tristeza o angustia.
- ♦ Cuando tú también sientas ira.
- ♦ Cuando te sientas estresado.

8
Duelo y resiliencia

(...) Conviene caer y fracasar de vez en cuando, desarrollar el músculo de la frustración alguna vez, es importante saber resbalar dignamente hacia la impotencia y la humildad, y sentir los límites y la tristeza, el aroma húmedo de lo humano, los inevitables obstáculos del camino nos hacen fuertes y más reales, de vez en cuando necesitamos lágrimas para mantener lubricadas las bisagras de nuestra fragilidad y apertura emocional y de nuestra cercanía con los demás.

Joan Garriga, del libro «La llave de la buena vida».

¿Qué es la resiliencia y cómo podemos hacer que nos transforme tras un proceso de duelo?

Resi… ¿qué? Esta es una de las reacciones más comunes que encontramos cuando día a día en nuestro trabajo o hablando con personas cercanas pronunciamos la palabra «resiliencia». Entre los psicólogos es un término muy conocido y utilizado, sobre todo entre aquellos que nos dedicamos a trabajar el trauma, pero en la población general todavía no es un concepto muy popular.

Existen diversas formas de definir la resiliencia, pero quizás una de las más sencillas sea la que nos ofrece el neurólogo y psiquiatra Boris Cyrulnik, quien pudo escapar de las manos de los nazis cuando era tan sólo un niño.

«Resiliencia es la capacidad del ser humano de superar la adversidad»

Las investigaciones más punteras en este campo ponen de manifiesto que superar un duelo o acontecimiento traumático con resiliencia nos transforma en personas con más capacidad y fortaleza para superar los retos de la vida que están por venir, nos permite afrontar con mayor templanza las situaciones adversas, brindándonos soluciones más adaptativas ante los problemas y con menos riesgos para nuestra salud física y emocional.

Ser resiliente, sin embargo, no significa vivir ajeno al dolor o al sufrimiento, no se trata de eso, se trata de atravesarlo sin quedarnos atrapados en él, llevándolo como parte de nosotros, como experiencia útil para continuar adelante sin el equipaje de las emociones más desagradables.

Sería algo así como vivir la experiencia, aprender de ella y dejar por el camino todo aquello que nos hace sentir resentimiento, venganza o miedo.

La resiliencia es el equipaje de la sabiduría, de la bondad, de la sensibilidad, de la empatía, de la compasión, de la no resistencia, del crecimiento, de la transformación. Ya no seremos los mismos, seremos mejores. Es el regalo por haber atravesado el camino sintiendo y soltando todo aquello que ya no nos sirve e incorporando las mejores lecciones y fortalezas. Al ser resilientes, crecemos con la adversidad.

El capullo de la mariposa

Un hombre iba paseando por el campo y encontró el capullo de una mariposa. Pensó que sería buena idea llevárselo a casa para así poder ver a la mariposa cuando saliera de él. Una tarde, mientras lo observaba detenidamente pudo ver que había un pequeño orificio en el capullo. Durante horas estuvo observándolo y pudo ver cómo la mariposa luchaba y luchaba para poder salir del capullo.

El hombre vio cómo forcejeaba y se esforzaba con mucho empeño en hacer que su cuerpo saliera a través de ese pequeño orificio, hasta que llegó un momento en el que parecía haber dejado la lucha, pues aparentemente no avanzaba en su intento. El hombre pensó que se había quedado atascada, creyó que la pequeña mariposa estaba en apuros. Entonces, él mismo decidió ayudar a la mariposa y con una tijera cortó el pequeño agujero del capullo para hacerlo un poco más grande y que de esta manera la mariposa consiguiera salir.

Sin embargo, cuando salió, observó que la mariposa tenía el cuerpo muy hinchado y sus alas parecían pequeñas y dobladas.

El hombre siguió mirándola de cerca, pues esperaba que en cualquier momento sus alas se desplegarían y crecerían lo suficiente para aguantar su cuerpo, que a su vez se contraería al desaparecer la inflamación. Nada de esto ocurrió y la pobre mariposa sólo consiguió arrastrarse haciendo círculos con su cuerpecito hinchado y sus alas dobladas...

Nunca pudo volar.

Este hombre, desde su buena fe y su deseo de ayudar no entendió que la restricción de la apertura del capullo y la fuerza que la mariposa necesitaba hacer para salir por ese pequeño agujero, era la forma en que la naturaleza forzaba la aparición de fluidos en el cuerpo de la mariposa dirigidos a sus alas, para que se formasen grandes y fuertes y así, poder volar.

Todas las personas podemos ser resilientes tras experimentar un suceso traumático si ponemos en marcha las estrategias y actitudes necesarias para conseguirlo. El camino de la resiliencia es un camino muy personal, nace tras la vivencia de situaciones de crisis y debe ser llevado a término por la propia persona. Los momentos más dolorosos después de una ruptura/duelo tienen en su esencia un alto valor de supervivencia y crecimiento por la fortaleza y el desarrollo que nos proporcionan, nos dirigen hacia la introspección y hacen que se creen todos los mecanismos que nos están preparando para resurgir. Intentar evitarlos produciría las mismas consecuencias que sufrió la mariposa, por lo que cuando estés tratando de romper «tu capullo» recuerda que estás gestando todos los recursos que te ayudarán a ser resiliente.

(...) Y justo cuando la oruga pensó que era su final, se transformó en mariposa.

Anónimo

Cómo desarrollar tu resiliencia en 15 pasos

Para no dejarnos vencer por la adversidad necesitamos conocer y recorrer los senderos que nos conducen a la resiliencia.

A continuación, vamos a hacer un recorrido sobre las características que definen a las personas que han superado las pérdidas sin perder su esencia en ello y han conseguido esta hermosa transformación.

Aquí te indicamos algunos pasos importantes para hacer el recorrrido que te acerca a esta maravillosa transformación:

1. CONFÍA EN TUS CAPACIDADES

Antes que nosotros en la Tierra han vivido aproximadamente más de 100 000 millones de personas. Somos seres muy evolucionados, nuestro cerebro tiene una gran plasticidad neuronal y hemos heredado las habilidades y la sabiduría de las experiencias y aprendizajes de nuestros antepasados. No te subestimes, además, seguro que si echas la vista atrás ya has superado situaciones o circunstancias que tú mismo pensabas imposibles. Confía en ti.

2. NO RECHACES TUS LIMITACIONES

Conviene conocer tanto nuestras potencialidades como nuestras limitaciones y aceptarlas de igual modo. Todos tenemos aspectos que mejorar y muchas veces lo conseguimos a través de las situaciones más difíciles. Nunca perdemos: ganamos o aprendemos.

3. MODULA TUS EMOCIONES, SUAVIZA TUS PENSAMIENTOS

Para conseguirlo puedes utilizar varios caminos: pasa tiempo en la naturaleza, haz ejercicio, aliméntate con comida real, dedica tiempo a tus hobbies o practica la meditación. Estos hábitos te ayudan a calmar las emociones y reducen la producción de pensamientos negativos.

También es muy recomendable utilizar un diario íntimo en el que escribir cómo te sientes, sin juzgarlo, sólo describiendo aquello que estás pensando, aquello que estás sintiendo. Léelo en voz alta, grábate y escúchalo varias veces, notarás cómo se va reduciendo la carga emocional negativa que te hacía sentir al principio.

Habla con alguna persona de tu entorno que te transmita paz, tranquilidad, seguridad. No podemos cambiar la realidad de la pérdida pero tenemos el poder de elegir cómo la afrontamos.

Suaviza tus pensamientos, modifícalos ligeramente hacia otros menos extremistas o negativos. A esto puede ayudarte la terapia cognitiva. Sitúate en el presente, no pienses demasiado en el futuro, es incierto. El único momento en el que podemos actuar es AHORA.

4. BUSCA EL APRENDIZAJE EN CADA SITUACIÓN

No son pocas personas las que se estancan en la queja y el lamento tras la adversidad y les es difícil salir de ella. Mientras invertimos el tiempo en mirar lo injusto de la situación perdemos la oportunidad de aprender algo de ella y poder seguir adelante. Elijas el camino que elijas, la realidad no va a cambiar pero lo que sí puede cambiar es la actitud con la que vas a afrontar la vida a partir de este momento.

5. DEDICA DIARIAMENTE UNOS MINUTOS A RELAJARTE Y MEDITAR O SIMPLEMENTE A ESTAR EN SILENCIO

A veces nos produce mucho miedo el silencio, nos causa rechazo estar con nuestra propia compañía, sin embargo es dentro de nosotros donde se encuentran todas las respuestas.

El compromiso de tomar unos minutos al día para estar en silencio, relajarte o meditar puede marcar la diferencia a la hora de construir tu nuevo yo resiliente.

(...) La meditación puede ayudarnos a abrazar nuestras preocupaciones, miedos y odio y es muy sanadora. Dejemos que nuestra capacidad de sanar haga el trabajo.

Thich Nhat Hanh

6. CREA UN EQUILIBRIO ENTRE LA REALIDAD OBJETIVA Y UNA VISIÓN ESPERANZADORA Y POSITIVA DE LA MISMA

La psicología es «la ciencia de la subjetividad» y la manera como nos sentimos y cómo enfrentamos los desafíos depende de nuestra actitud ante la vida y del lenguaje que utilizamos para narrar lo que nos pasa.

Utiliza palabras amables y compasivas para contar tu realidad, trata de ver «el vaso medio lleno».

7. PROTÉGETE DE LAS PERSONAS PESIMISTAS

Existen muchas personas que enfocan la vida con una actitud negativa. Está demostrado que este tipo de personas se adaptan peor a los cambios, viven la vida con un mayor grado de sufrimiento y tienen más probabilidad de desarrollar enfermedades y desórdenes tanto físicos como psicológicos.

Por todo esto, es importante seleccionar a las personas con las que tenemos contacto frecuente y buscar rodearnos de aquellas que poseen las cualidades que anhelamos, aquellas que nos ayudan a sentirnos mejor, que albergan esperanza, que transmiten alegría.

8. NO TE RESISTAS, NO TRATES DE LUCHAR CONTRA LOS CAMBIOS DE LA VIDA

Sé flexible, no podemos parar las olas pero podemos aprender a surfear. La capacidad de adaptación es lo que nos hace más fuertes a nivel de supervivencia. Mantente dispuesto a moldear la rigidez.

Uno de los mayores obstáculos para conseguir trascender la adversidad es el apego excesivo y el miedo a los cambios. Esto sucede porque no confiamos en nuestras posibilidades para adaptarnos y seguir adelante, pensamos que no volveremos a encontrar la calma y el bienestar porque nos asusta lo desconocido, sin embargo, el cambio es una constante en la vida y de nuestra flexibilidad va a depender el resultado de la experiencia: renovarse o morir.

9. PERDONA

El perdón es uno de los temas más sensibles cuando hablamos de duelo, tanto si ha sido producido por una muerte como por una ruptura.

Muchas personas sienten rechazo cuando oyen hablar del perdón y eligen seguir reproduciendo el daño en su mente una y otra vez. Cada vez que recordamos lo que nos ha pasado o lo que nos han hecho es como si estuviéramos reviviendo esos momentos de nuevo, ya que está demostrado que el cerebro no sabe si lo que estás pensando es real o imaginario, por lo que va a volver a activarse fisiológica y emocionalmente de acuerdo a tus pensamientos de ira y rencor.

El trabajo del perdón sólo tiene que ver contigo, no tienes que hacerlo con la persona que crees responsable de tu sufrimiento ni tampoco implica que quede exenta de sus responsabilidades si las hubiera, ni mucho menos quiere decir que apruebes lo que ha pasado.

Perdonar significa aceptar cómo han sucedido las cosas y liberar las emociones que nos bloquean y nos impiden avanzar, implica haber trabajado la rabia de manera adecuada y salir adelante con la cabeza alta y mirando hacia el futuro.

No perdonar significa caminar con rencor, tus energías quedan volcadas en el pasado y el único perjudicado eres tú. Perdonas para liberarte tú, no para liberar a la otra persona.

(...) Aferrarse al odio es como tomar veneno y esperar que la otra persona muera.

Buda

10. PERSEVERA

Thomas Alba Edison, además de alcanzar la genialidad como científico al inventar la bombilla incandescente de alta resistencia, fue un gran ejemplo de perseverancia, ya que necesitó probar casi mil tipos de materiales hasta que logró dar con uno que aguantaba el calor durante más de 1.400 horas.

Además de dejarnos este invento nos legó una de las enseñanzas más importantes para perseverar y conseguir nuestras metas, que plasmó en la siguiente frase:

«no fueron mil intentos, fue un invento de mil pasos».

11. UTILIZA EL SENTIDO DEL HUMOR SIEMPRE QUE PUEDAS

Es un método natural e infalible que ha sido utilizado como herramienta terapéutica por psicólogos de reconocido prestigio, uno de los precursores fue el psicoterapeuta cognitivo Albert Ellis. Ellis decía que toda persona tiene la capacidad para cambiarse así misma e introdujo el sentido del humor como manera de desmantelar los pensamientos perturbadores y «dejarlos en ridículo» para neutralizar su carga emocional.

(...) *a pesar de todo, la injusticia tiene sus puntos buenos. Me ofrece el reto de ser tan feliz como pueda en un mundo injusto.*

Albert Ellis

El sentido del humor es uno de los bálsamos más efectivos para el dolor y una estrategia de afrontamiento que caracteriza a las personas resilientes, además de los numerosos beneficios que tiene para la salud, ampliamente validados por la ciencia.

En muchas ocasiones la risa nace de manera natural y se puede observar que en contextos como hospitales y velatorios, las personas suelen reír y llorar muchas veces en cuestión de minutos. Es sano recordar todas las experiencias vividas con nuestros seres queridos, poder reirnos de las anécdotas divertidas y a la vez sentir el dolor por su partida.

12. DÉJATE QUERER, DÉJATE AYUDAR

El apoyo social es un pilar fundamental para las personas resilientes y que las diferencia de las personas «resistentes». Estas personas no son capaces de pedir ayuda y no se dejan ayudar si alguien lo intenta.

Creen que es un signo de fortaleza pero realmente llevan una carga muy pesada que no les permite avanzar en el camino ni poder sobrevivir a la pérdida con resiliencia.

Trabaja y nutre tus relaciones personales, dedícales tiempo y atención. Existe un principio básico que hay que tener en cuenta: debemos permitir el flujo entre ayudar y ser ayudados, es clave a la hora de afrontar los momentos más difíciles.

13. SE CREATIVO

La creatividad reside en el hemisferio derecho de nuestro cerebro y nos ayuda a encontrar diferentes alternativas de solución a los problemas.

Existen muchas formas de reinventarnos, tantas como seres humanos. Las mejores canciones, las mejores obras, nacen del dolor, de la frustración.

La creatividad se puede manifestar en los diferentes ámbitos de nuestra vida y, por tanto, también en la superación del duelo, ya que nos ayuda a inventar y construir nuestro propio método de resurgimiento. Crea tu nuevo yo en versión original.

(...) Cuando una persona se enfrenta a la adversidad o a un problema importante, lo soluciona si lo enfoca de manera creativa.

Albert Ellis

14. SÉ COMPASIVO

Abraza tus experiencias, perdónate, lo estás haciendo lo mejor que puedes, no te castigues. Proponte metas como tratarte mejor y alimenta un concepto de ti mismo más benévolo y respetuoso, más positivo. Si fuésemos conscientes de cuánto nos exigimos y cómo nos tratamos nos asustaríamos.

Una manera de controlar y cambiar la forma en la que nos tratamos es imaginando que estuviéramos hablando a otra persona con esas mismas palabras y ese mismo tono que empleamos con nosotros mismos. Cuando realizamos este ejercicio inmediatamente nos detenemos y pensamos: ¡jamás le diría algo así a alguien! Del mismo modo, si imaginamos que alguien nos hablara así, no lo aceptaríamos, pero sin embargo, sí lo permitimos en lo a que nosotros se refiere.

15. TOMA LAS RIENDAS DE TU VIDA

Acepta el 100 % de la responsabilidad de lo que haces con eso que te ha pasado, no dejes el barco sin patrón, nadie más puede ocupar ese puesto que tu mismo.

Imagina que dejas el barco de tu vida a la deriva, ¿dónde acabaría? Coge los mandos y dirige el timón hacia tu propósito, no lo dejes en manos del tiempo, del destino, de las olas.

(...) Hazlo. Y si te da miedo, hazlo con miedo.

Anónimo

El compromiso de seguir adelante

Una cosa es aceptar las emociones y otra hundirse y dejar que esas emociones nos abatan. Adoptando una actitud resiliente nos comprometemos con nosotros mismos y con las personas que nos quieren y siguen en nuestra vida para tomar acción y hacer cosas que nos ayuden a superar el duelo.

Hemos visto que es importante hacer cambios en nuestra vida, en nuestra forma de pensar, tenemos que cuidarnos, darnos permiso para seguir adelante pero sin que esto constituya una huida hacia adelante.

A veces, asustados por el miedo y la tristeza, buscamos otra pareja demasiado rápido cuando todavía no estamos preparados para evitar o escapar del dolor. Otras veces, tomamos caminos más rápidos pisando en falso como, por ejemplo, cuando tratamos de suprimir el dolor a través del consumo de alcohol o trabajando horas y horas y más horas para no enfrentarnos a nuestros propios sentimientos.

En esta obra queremos dejar reflejados otros caminos, otras formas de mirar a la pérdida: de frente.

Te dejamos una historia real ejemplar que refleja y reúne los requisitos sobre cómo sobrevivir a las pérdidas con resiliencia. Creemos que a través de testimonios de personas que han tenido vivencias traumáticas y han resurgido como hermosas mariposas batiendo con fuerza y brillo sus alas, es como mejor podemos entender realmente a lo que nos referimos cuando hablamos de resiliencia.

Léelo atentamente, disfruta de su magia, de su belleza. Nútrete de la fuerza de este pasaje y del mensaje inspirador de esta persona y de otras que como él han venido a este mundo para ser un faro en la oscuridad. Seres humanos ejemplares que, con sus palabras de aliento, son luces en el camino para todos aquellos que acaban de dar sus primeros pasos en el camino del dolor, rodéate de ellas, míralas, aprécialas, lee sus libros, escúchalas una y mil veces, permite que tu mente inconsciente aprenda la ruta luminosa y colabore para que tu camino tenga un propósito, para que tu dolor no sea en vano, para que puedas crear tu propia manera de resurgir ante la adversidad:

(...) Me gustaría contaros algo que me pasó de pequeño. Yo, como muchos sabéis, tuve cáncer de los 14 a los 24 años y perdí una pierna, un pulmón y un trozo de hígado, pero fui feliz. En aquellos años, recuerdo que dejé el colegio con 14 años y tuve la gran suerte de estar educado con mi madre

hospitalaria, que era una mujer con 92 años increíble, de Zaragoza, nos cogió a todos los chavales que teníamos cáncer, a todos nos faltaba un brazo, una pierna... y nos enseñó un grito de guerra muy bonito: «no somos cojos, somos cojonudos», que nos encantó y lo gritábamos siempre.

En aquella época en el hospital no teníamos moto pero teníamos silla de ruedas. No podíamos ir a discotecas, pero teníamos ocho plantas... y fue una época increíble de educarse con chicos con cáncer y con esa madre hospitalaria que podíamos ver cada noche.

Mis padres venían por la mañana y por la tarde a verme pero las noches en los hospitales cuando tienes 14 años y nunca has salido de casa eran extrañas. Mi primer hogar fuera de casa fue aquel hospital con aquellos siete chavales con cáncer. Y aquella mujer se convirtió para mí en mi maestra, fue una mujer que nunca olvidaré, nunca olvidaré su fuerza... Ella siempre decía que nos educaba para ser valientes en la vida, en el amor, en el sexo... y aquella mujer nos contaba historias maravillosas. Ella decía que, sobre todo, había que aprender a decir no. En aquella época, yo no pensaba que pudiera decir no a nada pero poco a poco con los años entendí a lo que se refería.

Aquella mujer siempre decía: «cuando crees que conoces todas las respuestas, llega el universo y te cambia todas las preguntas» y decía que el Universo nos quería mucho porque en aquella época nos hacía cambiar nuestras respuestas para encontrar nuevas preguntas.

Yo me eduqué junto a ella y ella «me enseñó a perder para ganar». Ella me dijo que «cualquier pérdida es una ganancia». Me dijo: «tú no has perdido una pierna, sino que has ganado un muñón», «no has perdido un pulmón sino que has aprendido a saber que con la mitad de lo que tienes puedes vivir» y, como el hígado me lo quitaron con forma de estrella, ella me enseñó que ahora llevaba un sheriff dentro de mí. Y sobre todo me enseñó que siempre llevase felicidad. Y era una mujer que decía: «No existe la felicidad pero existe ser feliz cada día». Y tenía esa fuerza, esa energía, de hacerme creer que todo era posible.

Recuerdo que, cuando iba en pantalones cortos por la calle, la gente hacía ver que no veía mi pierna pero dos segundos después de cruzarme todo el mundo se giraba para ver la pierna, pero yo «siempre me giro y los pillo a todos». Y siempre les pregunto por qué tienen miedo a preguntar.

Cuando entré en el hospital mi madre real me dijo: «no hables con desconocidos» y le dije: «entonces creo que no hablaré con nadie, mamá». Y confié en los desconocidos y los desconocidos se convirtieron en mis grandes aliados. Aprendí mis primeras lecciones en un hospital rodeado de 7 chavales de los cuales perdí a 5 y teníamos un pacto de vida en el hospital, otra idea de mi madre hospitalaria. Ella siempre decía que podíamos de alguna manera dividirnos las vidas de los que perdíamos para que se multiplicaran dentro de nosotros.

En aquellos 10 años me tocó vivir 3,7 vidas que es lo que me tocó en el pacto y de alguna manera hoy delante de vosotros tenéis a 4,7 personas, contándome a mí y yo siempre llevo los anhelos, los deseos, de esas 3,7 personas de los que me dividí sus vidas. Les prometí que siempre intentaría cumplir sus deseos, que siempre mantendría al niño de 14 años que era cuando empecé con esa batalla de diez años contra el cáncer y nunca olvidé a mi madre hospitalaria: su fuerza, su dulzura y su amor hicieron que se convirtiera en mi gran maestra.

*A los grandes maestros te los encuentras en cualquier sitio y a veces en una simple habitación de hospital. En aquel caso era la 307 de un hospital de Barcelona, donde vivía la mujer que más me cuidó, la mujer que más pensó en aquellos chavales y la que hizo que nos sintiésemos orgullosos de toda pérdida y que entendiésemos que **si haces el duelo suficiente toda pérdida se convierte en una ganancia**. Gracias por escucharme.*

Albert Espinosa. Entrevista BBVA. (Aprendemos juntos)

9
Gratitud: el antídoto para el dolor

Vivimos sumergidos en un ambiente en el que hay una sobreexposición a noticias y mensajes de tinte negativo, y nuestra mente, gran experta en seleccionar y atender sólo a aquellos estímulos que amenazan nuestra supervivencia, reacciona con estados emocionales estresados, ansiosos o deprimidos.

Cuando vivimos una ruptura o muerte de una persona importante en nuestra vida, ese hecho capta toda nuestra atención y nuestra energía va dirigida a pensar y hablar sobre ello prácticamente en exclusiva. Pasado el tiempo, esto genera en nosotros estados muy negativos con consecuencias poco saludables a muchos niveles, no sólo a nivel psicológico: dolor, tristeza, ansiedad, mal carácter, vida sedentaria, problemas en las relaciones personales, bajo rendimiento en nuestras actividades cotidianas, desesperanza ante el futuro, etc.

Existe una manera muy sencilla para ayudarnos a crear un cambio de perspectiva y producir un cambio de pensamiento que nos ayuda a transformar el dolor por la pérdida. Es un antídoto muy eficaz llamado: GRATITUD.

La gratitud hace referencia al acto de poner nuestra mirada en apreciar lo que tenemos y no tanto en lo que nos falta, nos ayuda a equilibrar la balanza de la negatividad. Es una realidad que tendemos a prestar atención a lo que perdemos o a lo que nos falta desatendiendo todo lo bueno que existe en nuestra vida, esto nos lleva a vivir la vida con resentimiento, dolor emocional crónico o envidia.

Agradecer nos permite contrarrestar esa tendencia a resaltar lo doloroso e invertir en bienestar. Cada vez que nos enfocamos en algo por lo que podemos decir GRACIAS, estamos ingresando fortaleza y ánimo positivo en nuestro banco emocional.

Existen estudios científicos muy interesantes que hablan sobre la eficacia y los beneficios que tiene el estado de gratitud como un predictor de bienestar y satisfacción general y cuáles son las áreas cerebrales implicadas en ello.

Sobre todo en las primeras etapas del camino del duelo, puede resultarnos muy difícil e incluso doloroso agradecer a nuestro ser querido por todo lo compartido, ya que esto nos hace ser más conscientes de la pérdida, pero a medida que vamos avanzando en el proceso de duelo y el dolor va siendo un poco más llevadero, más soportable, podemos conectar con este *transformador sentimiento*, podemos (y debemos) sentirnos afortunados por haber conocido y convivido con una persona tan maravillosa y especial. Podemos dar gracias a Dios, al Universo, al Azar, al Destino... por haber sido los elegidos en compartir gran parte de nuestra vida con esa persona. ¡Qué afortunados hemos sido!

(...) Tantos mundos, tantos siglos, tanto espacio y coincidir.

Anónimo

En el caso del duelo por una muerte podemos llegar a agradecer el tiempo que hemos pasado con esa persona, lo que nos enseñó y cómo impactó en nuestra vida.

En el caso de una separación, aunque haya emociones encontradas, podemos encontrar también cosas que agradecer, incluso en los casos más extremos podemos agradecer los aprendizajes que hemos hecho y los buenos momentos vividos, que han existido, aunque ya no estemos con esa persona o haya dolor o rabia. Lo hacemos por nosotros, porque sabemos que buscar conscientemente la gratitud va a ayudarnos a seguir adelante más ligeros, con más luz. En la oscuridad de los malos momentos nos hacemos fuertes, adquirimos herramientas que luego nos serán muy útiles en próximas experiencias. Agradece la luz, pero también puedes dar gracias por los momentos oscuros, ambos forman parte de nuestra experiencia.

(...) He sido un hombre afortunado, en la vida nada me ha sido fácil.

Sigmund Freud

Diario de gratitud

Este diario es una herramienta que nos ayuda a hacer conscientes todas esas cosas que normalmente damos por sentado.

Quizá pienses que tú ya sabes las cosas que agradeces en tu vida, pero una cosa es saberlo, y otra muy diferente es escribirlas y hacernos conscientes de ellas cada día.

Escribir es un recurso muy poderoso y hacer un ejercicio de gratitud diariamente, aunque sea durante unos minutos, contribuye a una mejora de la salud, fortalece la autoestima, mejora la calidad del sueño y estimula la resiliencia, según han probado numerosos estudios.

Así que, como todas las herramientas psicológicas, sólo necesitas ponerla en práctica para que funcione. A veces nuestra mente cree que porque parece una tarea sencilla o inocua tiene que ser subestimada y muchas veces nos perdemos la oportunidad de mejorar nuestra calidad de vida y superar los momentos complicados incluso pudiendo reducir así la necesidad de recurrir a los fármacos. Este tipo de prácticas realmente son «píldoras de salud».

(…) El éxito es la suma de pequeñas acciones repetidas cada día.

Anónimo

Recomendaciones:

* Al principio puede que te cueste, es algo nuevo y como tal, necesita tiempo.
* La clave está simplemente en HACERLO, desapegado de los resultados, confiando.
* Lo más importante de todo es colocarte de manera consciente en ese estado de gratitud o de búsqueda de la gratitud durante unos minutos cada día.
* Programa un momento y un lugar fijos para establecer una rutina hasta convertirlo en un hábito que nace sin esfuerzo.
* Si te cuesta encontrar cosas por las que estar agradecido, empieza escribiendo pocas cosas, pero no lo dejes hasta alcanzar un número determinado, por ejemplo, puedes empezar con una pequeña meta de anotar 3 cosas por las que estás agradecido diariamente hasta

que puedas subir ese número a medida que vas estando más familiarizado con la práctica.

- No des nada por supuesto, agradece incluso lo que te parece algo normal, como tener una casa confortable o tener agua corriente a tu disposición o medicinas a tu alcance cuando lo necesites. En el primer mundo a veces nos olvidamos de que gran parte de la humanidad vive en condiciones durísimas.
- Establece períodos temporales o áreas de agradecimiento para definir y facilitar tu práctica, por ejemplo: cosas por las que puedes estar agradecido en el día de hoy (si escribes tu diario por la noche), personas a las que estás agradecido, bienes materiales que facilitan tu vida o que te hacen disfrutar, experiencias que agradeces en los últimos tres meses... Así haces tandas de agradecimiento acotadas y puede ayudarte a enfocarte mejor.
- Aprovecha cada oportunidad para decir GRACIAS, repítelo como si fuera un mantra. Si es posible, no lo limites al ámbito de la escritura, que no pase ningún día en el que no hayas pronunciado conscientemente o escrito varias veces la palabra mágica «GRACIAS».

Para que puedas disfrutar al máximo de sus beneficios, es importante que estés en un lugar con intimidad en el que puedas centrar tu atención en el ejercicio y que su realización no se base simplemente en hacer un listado de cosas que agradecer como si fuera una «lista de la compra», sino que más bien, puedas profundizar en cada una de las cosas que incluyes en tu diario de agradecimiento reflexionando sobre ellas y visualizándolas incorporando todo tipo de detalles para que puedas llegar a sentir con tu cuerpo ese agradecimiento y no sólo se quede en una gratitud cognitiva (en el plano del pensamiento).

Diario de agradecimiento en duelos y rupturas:

1. Agradece actividades cotidianas que te ayudan a pasar los días entretenido, que te hacen sentir bien, que te hacen sentir aliviado. Cualquier cosa vale, no necesariamente tienes que decir GRACIAS por las actividades extraordinarias.
2. Agradece todos tus bienes materiales, sobre todo aquellos que te facilitan la vida. El agradecimiento no sólo puede hacerse en un sentido emocional o sobre personas y experiencias, el ser

espiritual no está reñido con la capacidad de apreciar también las posesiones materiales o con la capacidad de apreciar el valor que tienen en nuestra vida los objetos o la seguridad que nos proporcionan.

3. Agradece tus habilidades, destrezas y cualidades. Agradece tu fuerza, tu capacidad de esfuerzo, tu valentía, tu capacidad para sonreír incluso en los momentos más difíciles, tus valores, tu fortaleza cuando albergas las emociones más dolorosas.

4. Da GRACIAS por cada persona que forma parte de tu vida y también por todas aquellas que ya no están. Siéntete afortunado por haber formado parte de su vida y de que ellos hayan formado parte de la tuya, dejamos de ganar su presencia pero nunca perdemos todo lo que hemos vivido juntos. Cada vez que lo recuerdas con agradecimiento es como si lo estuvieras viviendo otra vez.

5. Recuerda las experiencias que te han hecho feliz, agradece todas las experiencias compartidas con tu ser querido. Incluso en situaciones de ruptura en las que existe mucho dolor y resentimiento podemos rescatar momentos por los que estar agradecidos o bien porque fueron positivos (casi siempre los hay) o bien porque nos enseñaron una lección muy valiosa (por ejemplo, porque nos ayudaron a aprender a defendernos.)

6. Agradece las dificultades por todas las enseñanzas que te han proporcionado. Aunque no puedas sentirlo, di gracias. Gracias por la oportunidad de aprendizaje aunque todavía no puedas verlo de esa forma porque pese más el dolor. De esta manera también funciona, a veces nos cuesta agradecer porque no conectamos con el sentimiento, pero aun así, hazlo, escríbelo: GRACIAS porque seguro que esto me ayuda a estar mejor, GRACIAS porque aunque todavía no pueda verlo así, ha sido una oportunidad que en algún momento podré aprovechar para mejorar.

7. Si decir gracias te resulta incómodo porque hay demasiado dolor dentro de ti, existe un atajo: prueba a cambiar la palabra «agradecimiento» por «apreciación». Apreciar algo genera menos resistencia que «el sentirse agradecido» cuando existe mucho odio o dolor en nuestro interior.

Hoy es un buen día para comenzar tu diario de gratitud:

(...) Cuando no sepas qué decir, simplemente di GRACIAS.

10. Reconstruir la autoestima después de una ruptura

> (...) A veces, cuando observamos las cosas al cabo de un tiempo o desde una perspectiva un poco diferente, algo que creíamos absurdamente esplendoroso y absoluto, algo por lo que renunciaríamos a todo por conseguirlo, se vuelve sorprendentemente desvaído. Y entonces te preguntas qué demonios veían tus ojos.
>
> *Haruki Murakami*

¿Lo ves? ¿A quién vas a gustar así? Otra vez te ha vuelto a pasar, no tires balones fuera, nadie te va a aguantar, te va a ser muy difícil vivir sin ella/él. Tendrías que haber hecho más o haber hablado menos, tendrías que haber tenido más paciencia, tú mismo/a te lo has buscado... ¿recuerdas aquella frase que le dijiste, recuerdas cómo reaccionaste? No lo hiciste del todo bien, podrías haberlo hecho mejor, te faltó decir o hacer.... Así que, normal que se enfade, normal que se haya cansado de ti, normal que no quiera estar contigo, ¿Por qué querría estarlo? Eres mediocre, no eres lo suficiente como para haber elegido quedarse contigo.

Muy bien y ¿ahora qué? Ahora tu vida no tiene sentido... Eres feo/a, estás gordo/a, mira bien todos esos defectos... ¿crees que ahora alguien más va a fijarse en ti? ¿Crees que alguien más va a poder sentirse atraída/o por ti? Mírate, te has abandonado, reconócelo, tu vida ha sido un fracaso, ahora nada te satisface, no vas a volver a disfrutar de las cosas, no vas a ser feliz. Has ido dando tumbos sin una meta, dejándote llevar por la corriente, ni siquiera has conseguido mantener a tu pareja, eres aburrido/a. Estás solo/a.

¿Cómo crees que se sentiría cualquier persona si alguien le dijese en voz alta todo esto?

Ahora, imagina que esa persona eres tú y que eres el que te diriges este tipo de discursos, que tú mismo te dices todas estas cosas o, algunas similares. Diariamente.

¿Cómo crees que puedes sentirte? ¿Bien? Imposible.

Haz la prueba, recoge todo esto que te dices diariamente (aunque creas que es verdad) e imagina que tienes a una persona sentada en frente de ti y empiezas a decírselo. Ponte en su -TU- piel, imagina cómo se siente, cómo crees que saldrá de esa conversación... ¿Crees que con una imagen o concepto de sí misma positivo? ¿Acaso no se sentirá angustiada, enfadada, triste, desesperanzada? ¿Crees que tendrá ganas de comerse el mundo? Este tipo de diálogo interno es repetitivo, monótono, hiriente, devastador, cruel y, en su mayor parte, exagerado y basado en mensajes o pensamientos distorsionados. Piénsalo bien, ¿te atreverías a hablar así a alguien? Incluso aunque alguno de los mensajes se basaran en la realidad, ¿se lo dirías? ¿Se lo repetirías hasta la saciedad? ¿Ganarías algo con ello?

La autoestima es un constructo que va desarrollándose a lo largo de nuestra vida, desde las primeras etapas, y hace referencia a cómo nos vemos, nos sentimos, nos pensamos y también se forma en base a las experiencias que hemos tenido en nuestra vida. Podríamos decir que la autoestima depende principalmente de cómo nos narramos, de la creencia que tenemos de nuestra propia valía.

No es casualidad que haya tantos artículos, libros, páginas, cursos o vídeos que tratan de ofrecernos pautas o «herramientas» para mejorar y fortalecer nuestra autoestima. Muchas personas demandan este tipo de contenido porque necesitan reconciliarse consigo mismas. Y este es un gran paso, es un paso muy valioso: es el primero.

Reconocer y darnos cuenta del daño que nos hace no tener una valoración positiva, amable y compasiva de nosotros mismos es muy importante porque de ahí podremos recorrer el camino que nos lleva a conectar con el amor propio.

Cuando vivimos una ruptura sentimental nos enfrentamos a uno de los sucesos tipificados como más estresantes en la vida de las personas y que más frustración, tristeza y rabia generan. Pero las rupturas no sólo nos causan este repertorio de emociones y sensaciones desagradables, no sólo rompen nuestro estilo de vida, hábitos o personas con las que compartíamos el tiempo, además, nos dejan una huella dolorosa y sutil: una autoestima en ruinas, muy debilitada.

La manera en que nos vemos es totalmente subjetiva, está mediada por filtros y dependiendo del filtro que le pongas, la foto saldrá más o menos luminosa, con más color o más apagada... de hecho, ¿no te ha pasado nunca que un día por más que te mires en el espejo o trates de mejorar tu aspecto no te ves bien y, sin embargo, cuando te ven otras personas dicen: pero, ¡qué guapo/a estás!? Pero ese día, aunque lo intentes, no puedes verte de manera positiva, ya que el filtro con el que te miras tiene como resultado una imagen negativa. Esto es una percepción distorsionada o sesgada de ti mismo/a. Por mucho que nos digan lo valiosos que somos si no logramos sentirlo verdaderamente dentro de nosotros, si no nace de dentro, nos va a ser muy difícil creerlo.

Una sana autoestima es incondicional, no depende de los logros o de la aprobación de los demás. Cuando nos amamos a nosotros mismos nos aceptamos tal y como somos, con nuestras virtudes y nuestros defectos, nuestros aciertos y nuestros errores, nuestros éxitos y nuestros fracasos. Piénsalo, cuando quieres a alguien de verdad, le quieres por ser quien es, sin condiciones.

(...) Cuando la belleza brilla desde el interior no hay forma de negarla.

Alek Wek

Si prestamos atención a nuestra charla mental, si dirigimos nuestra mirada hacia dentro, podemos observar cómo nos hemos convertido en verdaderos especialistas de todo lo que está mal en nosotros, de todo lo que no nos gusta de nosotros mismos, de todo lo que nos falta... Vivimos inmersos en una continua comparación de la que, por supuesto, solemos salir mal parados y, por el contrario, somos muy inexpertos en reconocer nuestra valía, nuestros logros, las cosas que nos gustan de nosotros, las partes de nuestro cuerpo que vemos hermosas, porque claro, parece que eso significa «tenérselo muy creído», «ser arrogante» o es algo que «no está bien visto,» por lo que callamos y de nuevo invertimos y ponemos nuestra atención, nuestra mirada, en la incesante «búsqueda del error».

En las siguientes líneas encontrarás tips importantes dirigidos a reconstruir tu autoestima si has pasado -o estás pasando- por una ruptura sentimental. Estamos inundados de información al respecto, pero a veces nos convertimos en «devoradores» de recursos y, sin embargo, todo queda en el ámbito de la lectura, del deseo, de la intención, pero no lo ponemos en marcha, no le damos un lugar importante, no le dedicamos tiempo: no lo hacemos.

Piensa que la autoestima es como un músculo, si quieres fortalecerlo y definirlo tendrás que cuidar ciertos aspectos tales como: alimentación adecuada, ejercicios específicos para esa zona, constancia en la práctica y tolerancia a la frustración, ya que al principio tendrás que esforzarte sin poder apreciar visiblemente los resultados. Pues bien, esto también es aplicable a la reparación o desarrollo de la autoestima, por lo que el tip más importante es: empieza con lo que tengas, pero empieza, conecta y agarra la información que te sirve y practícala, no te sobrecargues de información y pasa al terreno de la acción, así es como realmente verás y sentirás los resultados de tu trabajo interior.

Ideas para reparar una autoestima dañada tras una ruptura

DESVINCÚLATE DE TU EX-PAREJA

Si es posible, por completo.

Si no es posible, trata de limitar el contacto a los temas que sean estrictamente necesarios.

Este es un punto de mucha controversia, ya que, a las personas que han sufrido una ruptura les cuesta entender por qué es tan necesario cortar por completo el contacto. Es normal resistirse o sentir miedo ante la pérdida total del vínculo, sabemos que es muy duro y necesitamos tener mucha fortaleza para hacerlo, pero realmente es el primer paso para empezar a reconstruirte emocionalmente.

Es recomendable que dejes de mirar «por un agujerito» su vida, cuanto menos sepas de él/ella, menos duro se te va a hacer el proceso de duelo y reparación de tu autoestima. Es necesario pasar página y dedicar tu energía a ti, a lo que tienes por delante y dejar de retroalimentar el dolor al ver cómo la otra persona sigue con su vida, con sus amigos, con su nueva pareja, etc... Todo lo que veas de esa persona te va a hacer daño en estos momentos: si está feliz, te va a doler pensar que parece que no te echa de menos o como es posible que siga «como si nada», si le ves triste, vas a sentir pena por él/ella y te puedes sentir culpable o incluso confundir tus sentimientos...

Protégete y limita todo lo que puedas la información de la otra persona, ya que te encuentras en un período de vulnerabilidad en el que eres muy sensible a la información que proviene de él/ella. Y sí, incluida la información a través de las redes sociales.

CUIDA TUS PALABRAS

En un primer momento, necesitas elaborar la pérdida, es normal que necesites hablar de tu ex-pareja, de lo que pasó, de la ruptura, de cómo te sientes. Pero una vez que ha pasado el período de tiempo que necesitamos para poner palabras a todo lo que ha pasado y desahogarnos llega el momento de dedicarle menos tiempo a este tema y empezar a conectarte con otro tipo de noticias, comentarios o conversaciones.

En este sentido, también es importante que te trates con amabilidad, que cuides el lenguaje con el que te defines y trates de ser lo más respetuoso posible contigo mismo.

Observa tus pensamientos destructivos y no los dejes campar a sus anchas por el jardín de tu mente, ya que crecerán aquellas ideas de ti mismo que siembres, procura que no crezca la mala hierba y que tu jardín mental esté repleto de árboles, plantas y flores hermosas.

CUIDA TU SALUD

No hay nada mejor para aumentar la autoestima que cuidarnos. Empieza a proponerte hábitos saludables: haz algún tipo de deporte que disfrutes, pide esa cita médica que llevas meses evitando porque nunca encuentras el momento, cuida tu alimentación, descansa.

TÓMATE EN SERIO TU BIENESTAR

Haz todo aquello que te hace sentir bien, concédete caprichos, así tu mente inconsciente recibirá este mensaje: soy importante, me cuido, merezco momentos de placer. Ve a un spa, date un masaje, tómate un café en una terraza bonita, en un lugar al que sólo irías en una ocasión especial. Hazlo cualquier día, hazlo porque sí, ¡porque tú lo vales!

Este tipo de hechos rompen nuestra rutina y, muchas veces, esas pequeñas cosas que marcan la diferencia, son las que hacen que nuestro día haya sido diferente.

No hay excusas para no hacerlo, si no tienes mucho tiempo o tu economía en este momento no es lo suficientemente estable, no importa, ajústalo a tus posibilidades y busca momentos especiales, la mayoría de los momentos especiales son gratis: por ejemplo, programa un día en la semana, un día cualquiera, en el que vas a ir a disfrutar de un atardecer.

TRABAJA EN MEJORAR TU ASPECTO FÍSICO

La imagen corporal es una de las más dañadas después de una ruptura, ya que es motivo de muchas inseguridades. Las partes que no nos gustan de nosotros mismos a nivel físico nos hacen sentir vulnerables cuando no tenemos pareja, pues estamos de nuevo expuestos a la aprobación de los otros. Es posible que hayamos permanecido durante mucho tiempo junto a una persona, y durante ese tiempo, nuestro cuerpo haya ido cambiando. Ahora tenemos que salir de nuestra zona de confort, y nos preguntamos si seguiremos siendo atractivos.

Un cambio de imagen, comprarte ropa nueva, ir a la peluquería... es muy recomendable en este momento, pues es una forma de decirte que estás en otra etapa y de impulsar tu autoconfianza.

Estamos muy enfocados en la parte física, y muchas veces es lo que más nos preocupa. Si bien es cierto que somos mucho más que nuestro cuerpo, la realidad es que también somos ese cuerpo y es un área que contribuye, junto con muchas otras, a formarnos un concepto de nosotros mismos desde el que vamos a sentirnos más o menos bien dependiendo de nuestra valoración.

No te obsesiones, recuerda que no sólo somos un cuerpo, pero es importante cuidarlo, acepta las partes que no te gustan y trabaja y potencia todo aquello que te gustaría mejorar. Este tipo de acciones te harán sentir muy bien, sobre todo si te planteas metas realistas y lo haces enfocado/a en verte y sentirte saludable.

PERDONA Y AGRADECE

Perdonas por amor a ti, para no perpetuar el dolor, para no permitir que esta experiencia contamine el resto de tu vida. Haz las paces interiormente con todo lo que ha pasado, no necesitas decírselo, es un acto privado y sagrado en el que sólo se requiere tu participación.

(...) Aprende a perdonar porque es imposible caminar feliz por la vida con tantas heridas abiertas.

Anónimo

Agradece. Da las gracias por la oportunidad de seguir adelante, da las gracias a tu fuerza, a tu paciencia, a tu cuerpo, a las personas que te rodean y te dan su apoyo, a tu trabajo, a todo lo que tienes y a todo lo que está por venir.

MANTÉN VISIBLES TUS CUALIDADES Y LOGROS

Por regla general, tendemos a infravalorarnos a nosotros mismos y a minusvalorar nuestros logros y a maximizar las cualidades y logros de los demás.

Invierte esa regla y no te compares. Realiza una revisión de todo lo que has conseguido a lo largo de tu vida, de las tormentas que has superado, de todo aquello que creías imposible y que finalmente conseguiste.

De la misma forma, reconoce tus cualidades, valóralas y ponlas al servicio de los demás. Minimizar, negar o esconder tus habilidades es como tener un lingote de oro escondido en un cajón. Compartir todo aquello que se nos da bien y que aporta esa marca única y especial que cada ser humano tenemos es un acto de generosidad.

(...) Amo tus pies porque anduvieron sobre la tierra y sobre el viento y sobre el agua hasta encontrarme.

Pablo Neruda

SUELTA Y DEJA IR

Las rupturas nos dejan una herida en el alma pero a veces duele más «sostener lo insostenible» que dejar ir. Resistirnos a lo que ya es inevitable nos hace engancharnos y desgarrar esa herida, si soltamos y aceptamos que cada uno siga con su camino te darás cuenta de que, más pronto que tarde, esa herida quedará cerrada y sus cicatrices nos recordarán todo el amor y el aprendizaje escondido en la experiencia. Elige continuar de forma auténtica y ármate de valor para tomar tu propio camino libre de expectativas, es tu derecho.

Yo soy Yo
Tú eres Tú
Yo no estoy en este mundo para cumplir tus expectativas,
Tú no estás en este mundo para cumplir las mías.
Tú eres Tú
Yo soy Yo
Si en algún momento o en algún punto nos encontramos,
Será maravilloso.
Si no, no puede remediarse.
Falto de amor a mí mismo, cuando en el intento de complacerte,
Me traiciono.
Falto de amor a ti, cuando intento que seas como yo quiero,
En vez de aceptarte como realmente eres.
Tú eres Tú y Yo soy Yo.

Fritz Perls

Que todas las lágrimas que un día derramaste, se transformen en sonrisas.

11
Cómo ayudar a nuestros hijos a superar nuestra separación

Las relaciones de pareja han cambiado, ya no vivimos el amor como lo hacían las generaciones anteriores. Todo está en constante cambio y evolución, ha cambiado la sociedad, nuestros desafíos e intereses, el escenario político ya no es igual que hace años, hay nuevos partidos y nuevas formas de hacer política que distan mucho de las que se hacían anteriormente y, como todo, también ha cambiado la manera en la que nos vinculamos y se forman las familias.

Actualmente muchas parejas se ven obligadas a separarse porque ya no sienten lo mismo, porque no se entienden o porque sienten que sus caminos van por distinto lugar y tienen que reconstruir su vida, muchas veces formar una nueva familia. Es importante que seamos conscientes de esta realidad de manera que, llegado el caso, podamos hacerlo desde el principio desde un lugar en el que nuestros hijos sufran el menor daño posible.

Actualmente nadie se lleva las manos a la cabeza cuando escucha que una pareja se ha separado, pero se siguen cometiendo muchos errores a la hora de gestionarlo, siendo siempre las principales víctimas los niños. Esperamos que en este capítulo encuentres aquello que te ayude a protegerlos y priorizarlos siempre, sean cuales sean tus circunstancias. Sabemos de antemano que es una situación muy delicada y dolorosa para los adultos y que esencialmente no quieres hacer daño a tus hijos, pero muchas veces esto no es suficiente, y sin darnos cuenta caemos en la trampa de las emociones, intereses y conflictos que nos hacen entrar en unas dinámicas muy peligrosas respecto a la situación en la quedan los niños.

Consideraciones importantes a la hora de tratar el tema de la separación con nuestros hijos

TENEMOS QUE CONTARTE ALGO ...

A la hora de contarles a los niños la decisión de separarnos debemos ser: claros, concisos y decir la verdad, al igual que cuando comunicamos la muerte de un familiar.

No necesitan saber los detalles de la separación, de hecho, el conocerlos a veces puede hacerles más daño, pero lo que sí necesitan saber es:

- Que papá y mamá ya no pueden ni quieren seguir juntos y que a partir de ahora van a vivir en casas distintas.
- Que la familia ha cambiado y ya no va a ser como antes, de manera que tomen contacto con el carácter irreversible de la situación. Deben saber que algo ha cambiado para siempre, que se ha roto. A diferencia del duelo por la pérdida de un familiar, los progenitores siguen vivos y es más difícil para todos aceptar el carácter irreversible del divorcio, por lo que hay que tratar de no alimentar falsas esperanzas y aclararles siempre que sea oportuno que la situación es definitiva. En caso de que los padres se den una segunda oportunidad tienen que ser responsables y no implicar ni alterar la vida de los niños hasta que no estén lo suficientemente seguros de que la reconciliación es real y se va a poder mantener.
- Que su vida va a cambiar y sabemos que esto va a ser muy difícil para todos, especialmente para ellos.
- Que no hay culpables, papá y mamá han hecho todo lo que han podido para evitarlo, pero no ha sido posible.

- Que ellos no son responsables. La responsabilidad es de papá y mamá Los mayores se equivocan y esto es normal, no se puede evitar, pero podemos aprender de ello y crear una vida nueva de la mejor manera posible. Pocas veces le preguntamos a los niños qué quieren hacer o cómo podemos ayudarles en cada situación concreta, eso nos facilitaría mucho el camino y nos ayudaría a actuar de acuerdo a sus intereses. Si lo que pide el niño no se ajusta a la realidad o no es posible, esto nos permite ajustar sus expectativas y ayudarle a aceptar el duelo y trabajar la fantasía de que papá y mamá pueden volver a estar juntos.
- Que papá y mamá les quieren mucho y que eso no va a cambiar nunca. Hay que decírselo a menudo y no dar por hecho que ya lo saben.
- Que son muy importantes para nosotros y que vamos a estar ahí para apoyarles y darles mucho cariño cuando se sientan tristes, enfadados o tengan miedo.
- Que es normal sentirse así y nos gustaría saberlo para poder ayudarles, que nosotros también nos sentimos mal y que les comprendemos y tienen derecho a sentirse tristes o enfadados.
- Que aunque sabemos que esto nos hace sentir muy tristes a todos, papá y mamá estamos seguros de que es una decisión importante y la mejor de todas, dadas las circunstancias.
- Que mamá y papá van a tener que organizarse para que puedan pasar tiempo con los dos, que sabemos que esto es difícil y trataremos de hacerlo lo mejor posible y que podrán ver al otro siempre que quieran.
- No minimizar las consecuencias, no decirles que ahora su vida va a ser mejor, que no pasa nada, que van a tener dos casas, dos habitaciones o «nuevos hermanitos», ellos lo único que desearían es que su vida vuelva a ser como antes y tienen que elaborar e integrar la situación pasando por su duelo. Su mundo ha cambiado y ahora van a tener que adaptarse a nuevos horarios de visitas y a, literalmente, «partirse en dos».
- Trata de fomentar y mantener la buena imagen que tienen los niños sobre papá y mamá, no critiques delante de los niños al otro progenitor, ya que esto les hace mucho daño. Apoya el vínculo y el

respeto que sienten por cada uno y permite que sigáis siendo sus principales referentes, lo necesitan. Criticar al otro delante del niño es uno de los mayores errores que se cometen en estas situaciones. Recuerda, por muy enfadado o enfadada que estés con tu ex: no intentes crear en tus hijos el mismo sentimiento hacia él o ella para vengarte, o ponerlos de tu parte o que se haga justicia, tu deber es protegerlos.

- Muestra una actitud colaboradora y flexible para que pasen tiempo con cada uno, facilita estos encuentros, tus hijos os necesitan a los dos.
- Que vais a estar implicados en sus cosas por igual. Es muy importante que mamá y papá tengan la habilidad de reunirse o hablar sobre los temas de los niño y ambos los apoyen (terapia, deportes, actividades, cuestiones de salud, de educación, amigos, etc). De esta manera no sentirán que traicionan o protegen a uno u otro, evitándoles culpa y descargándoles mucho peso de manera que podrán centrarse en sus cosas sintiendo la tranquilidad y el alivio de que hay dos adultos responsables que les quieren y velan por ellos. Es su derecho y esto les va a evitar muchos daños en el futuro, muchos adultos que vienen a consulta han vivido situaciones de padres que no se han llevado bien o de padres separados.

LOS NIÑOS NO QUIEREN SEPARARSE

Una separación es una experiencia difícil para ambas partes de la pareja. Tanto si la decisión es tomada por los dos como si ha sido por decisión de una única parte, cada uno de los componentes de esa relación va a tener que pasar su duelo y dependiendo de diferentes factores va a ser un proceso más o menos complicado. Pero el problema se complica cuando hay hijos fruto de esa relación. Sin duda alguna, son los principales perjudicados. Los niños sufren más las rupturas que sus propios padres ya que son pequeños y no disponen de los mismos recursos para afrontar la adversidad que los adultos. No entienden lo que ha pasado, en la mayoría de las ocasiones su mundo y sus rutinas se descolocan y cambian por completo y además no es algo que han decidido ellos, por lo que tu ayuda va a ser vital para que puedan adaptarse al cambio.

TEMOR Y CULPA: LAS EMOCIONES PREDOMINANTES

Los niños necesitan sentirse protegidos, en un ambiente conocido y sentir que el entorno en el que viven es seguro. Necesitan sentir que sus padres tienen su mundo bajo control. Los padres tienen que garantizar a sus hijos que vivan en un ambiente predecible, en el que existen límites de contención, donde haya seguridad y tranquilidad.

Cuando los padres rompen su relación la vida de los niños también se rompe, «se parte en dos» y tenemos que ser conscientes de ello. La vida de los niños sufre un cambio que va a ser para toda la vida y que en las primeras etapas les coloca en dos estados predominantes: el temor y la culpa.

Los padres se sienten desbordados emocionalmente, uno de los dos empieza a estar más ausente o desaparece, se pelean entre ellos y esto genera en los niños mucho *temor y desconcierto*. Los cimientos de su mundo se tambalean y hasta que los adultos recolocan sus vidas, llegan a un acuerdo sobre dónde van a vivir, cómo se va a resolver el tema de la custodia, hasta que no se vuelva a restablecer el orden en su vida los niños sienten miedo y angustia, su mundo ya no es seguro ni predecible: «papá y mamá se sienten mal y yo temo que no puedan cuidarme». Viven una situación de caos emocional.

En esta etapa es normal que notemos cambios en su comportamiento, dificultades para mantener la atención, dificultades en las relaciones con otros niños o disminución del rendimiento escolar. Igual que para los adultos, para los niños una separación es uno de los acontecimientos que más estrés puede causar y aunque intenten seguir con sus vidas con normalidad es su principal preocupación, e inevitablemente, va a generar cambios en su estado de ánimo o en su comportamiento. Por ello, es muy importante asumir el control de la situación y facilitar este proceso todo lo posible, hablando con ellos y adelantándoles los pasos que vamos a ir siguiendo. Es importante hacerlo con mucho cariño, prestarles atención y mostrarles que a pesar del dolor y de los momentos que estamos viviendo, ellos siguen siendo lo más importante en nuestras vidas, les queremos mucho y vamos a estar ahí para ellos.

Otro de los ingredientes que no suele faltar ante una separación es el *sentimiento de culpa*. Los niños muchas veces piensan que son la causa de la separación de sus padres y por mucho que nos esforcemos en explicarles que ellos no han tenido nada que ver en la separación, que es algo que depende sólo de mamá y papá, aun así ellos sienten que es su culpa y que, por tanto, pueden hacer algo (o tienen que hacer algo) para que sus padres vuelvan a estar juntos.

La culpa cumple una función de «falso control» sobre la situación, es una fantasía que les permite pensar que si ellos han causado el problema, entonces ellos pueden hacer algo para resolverlo. Se trata de una estrategia inconsciente de resistencia ante lo que está sucediendo, ante lo inevitable y que les ancla en un estado muy desagradable porque todos sus esfuerzos van a ser infructuosos, causando mucha tristeza, rabia o frustración en los niños cuando a pesar de sus intentos todo sigue igual y se dan de bruces con la realidad. Esto podemos observarlo cuando los niños «tratan de portarse muy bien», «hacen sólo lo que a papá y mamá les gusta» para que dejen de estar enfadados, cuando tratan de hacer de «intermediarios sentimentales» para que papá y mamá vuelvan a quererse y su mundo vuelva a ser como antes.

Está claro que cuando una pareja decide separarse es porque resulta imposible seguir juntos, y muchas veces, también sabemos que aunque la separación es especialmente dura para ellos es mucho más perjudicial vivir en un ambiente hostil o en el que no hay amor, pero aun así no podemos evitar que esto les afecte, y tenemos que conocer estas reacciones en nuestros hijos para poder ayudarles y facilitarles el camino.

INVERSIÓN DE ROLES

La inversión de roles es algo que también se da de manera frecuente en estas situaciones. Sabemos que son momentos muy difíciles y delicados, en los que hay mucho dolor y es complicado mantenerse en pie, pero cuando los niños perciben que los adultos no están pilotando el barco, necesitan hacer algo para que no se hunda. Es decir, si mamá y papá están discutiendo o están sumidos en la tristeza me tengo que poner el traje de patrón y ser yo quien lo guía. El problema es que el traje es muy grande para mí, no sé qué hacer y no alcanzo a ver bien el horizonte, tengo miedo...

Hay comportamientos que fomentan esto y que tenemos que vigilar muy de cerca para evitar hacer daño a nuestros hijos. Cuidado con que los niños:

- Tengan que consolarte, que duerman contigo ahora que papá o mamá no están (aunque lo hagas «por ellos»).
- Dejen de hacer las cosas que les gusta o les divierte porque «te sientes solo y desvalido».
- Se conviertan en tus amigos y confidentes: nuestros hijos no pueden ser nuestro «paño de lágrimas» ya que para ellos es muy doloroso

escuchar comentarios negativos de sus padres y no son las personas indicadas para tu desahogo porque no van a poder hacer nada para ayudarte y, lo que es peor aún, lo van a intentar soportando una carga muy pesada y dolorosa para ellos.
- Convertirlos en «mensajeros» entre vosotros.
- Sean utilizados consciente o inconscientemente como una manera de hacerle daño a tu expareja.

A menudo estamos tan centrados en nuestros problemas que nos pasa inadvertido el dolor y la angustia de nuestros hijos y la carga que, sin querer, les colocamos, de manera que cada vez la bola de nieve se hará más grande hasta que podamos verla.

(...) mi madre me dice que tengo que salir (o jugar) con mis amigos pero la verdad es que continuamente la escucho decir lo sola que se siente, la veo llorar sin parar, además ha dejado de hablar con sus amigas, ya no sale... me siento culpable cada vez que estoy con mis amigos, siento que yo también la he abandonado.

Ante este tipo de situaciones los niños van a sentirse con un gran conflicto interno, por momentos sentirán que están ayudando como que a la vez sentirán que están traicionando a su progenitor, sintiendo una gran ambivalencia que no van a poder manejar.

No utilizar a los niños como detectives privados, muchas veces creemos que no se dan cuenta porque lo hacemos de manera muy sutil y con preguntas indirectas, pero ellos lo captan a la primera y van a tratar de hacer su misión lo mejor posible a la vez que se van a sentir muy mal y avergonzados» por investigar» a su papá/mamá. Si esto se da de forma regular, el niño puede desarrollar algún trastorno psicológico que le ocasione problemas a largo plazo. Los niños aprenden a mentir y a fingir para cumplir las expectativas de sus padres o para protegerlos, encubrirlos, etc... Recuerda su deseo de reconciliación y que de forma natural suelen sentirse responsables de ello, por lo que si nosotros además lo alimentamos de forma inconsciente van a convertirse en los actores principales de la historia. Una historia que no han escrito ellos.

UN TRIÁNGULO MUY PELIGROSO

Hace tiempo, un psicólogo llamado Karpman descubrió y teorizó un juego psicológico que de manera inconsciente puede guiar nuestras relaciones con los demás. Lo llamó el «triángulo dramático». Este modelo sirve para explicar las relaciones que generan sufrimiento o angustia, vamos a conocerlo en el tema que nos ocupa.

Para que se forme un triángulo dramático en una situación conflictiva deben existir tres participantes o roles: un perpetrador, una víctima y un salvador. El perpetrador es la persona que se siente superior frente al otro y ejerce su poder de forma hiriente. La víctima es la persona que se sitúa en inferioridad de condiciones y que se muestra susceptible de ser herida, siente que está siendo injustamente tratada pero no hace nada para salir de esa situación y el salvador es aquel que identifica que hay una persona que está siendo dañada y que no puede salir de la situación por sus propios medios, por lo que intenta rescatarla aunque no se lo pida. Dentro de este triángulo los roles no son fijos y pueden cambiarse de manera que una misma persona puede asumir un rol u otro dentro del triángulo dependiendo de la situación.

Es importante tenerlo en cuenta en una situación de divorcio, sobre todo cuando hay hijos fruto de la relación, ya que es muy fácil caer en este «juego psicológico» entre los adultos y en muchas ocasiones, los hijos, para resolver la angustia que les genera este tipo de situaciones, se colocan en la posición de «rescatadores» cuando perciben que uno de los dos está siendo víctima de la situación. En este punto tenemos que advertir cuándo estamos actuando desde el rol de perseguidor o de víctima. Es decir, siempre que haya una parte que sólo culpa al otro de los problemas y que castiga y otra parte que sólo siente que le hacen daño y que es injusto todo lo que le pasa por lo que no se siente capaz de protegerse (defenderse), tendrá que aparecer una persona que rescate a la víctima y la ponga a salvo. Normalmente este papel lo pueden asumir los hijos, formando (completando) el triángulo del drama que sólo hará que se mantenga este patrón relacional, viviéndolo con mucho sufrimiento y que no ayudará a resolver de forma sana el conflicto.

Para poder salir de esta forma de relacionarnos lo más importante es observar e identificar nuestros roles y trabajar para poder generar un comportamiento alternativo:

En el caso de que estemos asumiendo el rol de perpetrador, necesitamos adquirir la capacidad de ponernos en el lugar del otro para poder entender su malestar y aprender a comunicarnos de manera más cordial, entendiendo que no siempre llevamos la razón o que muchas veces no es cuestión de eso. Por ejemplo, si ponemos a dos personas frente a frente y colocamos el número 6 en medio, una verá claramente un 9 y la otra verá claramente un 6. Está bien entender que no existen las verdades absolutas y que podemos hacer nuestras peticiones de manera respetuosa.

En el caso de asumir un rol de víctima, es importante trabajar la habilidad para poner límites y expresar nuestro desacuerdo abiertamente. En este tipo de roles hay que potenciar la confianza en uno mismo y buscar ayuda profesional si es necesario. Una clave importante es observar si sueles sentirte así en las relaciones con los demás o si te han tratado mal en anteriores ocasiones. Si es así, es importante que busques ayuda profesional para que puedas evitar que te siga sucediendo en el futuro, ya que es una posición muy incapacitante y puede generarte mucho dolor.

En el caso del rol de salvador, es importante que se lleve como aprendizaje que no puede hacerse cargo de los problemas de los demás y mucho menos si no se lo piden. En las separaciones este rol es a veces asumido por los niños que sienten que uno de sus padres ataca al otro y que el que es atacado no es capaz de defenderse, por lo que «tienen que tomar partido». Estas situaciones les hacen sufrir mucho y es bastante frecuente que tendamos a buscar casi de manera universal un culpable y una víctima dentro de un conflicto.

Es importante que asumamos como padres que en las mayoría de los casos suele haber una parte que abandona y otra que es abandonada, pero ambas de alguna manera han participado en que esto suceda, y cuando los hijos entienden que los dos tuvieron su parte de responsabilidad y quitan «el disfraz de culpable o inocente» sienten mucho alivio y pueden construir una narrativa diferente a la historia, más liberadora y donde cada uno asume su parte de responsabilidad de modo que ellos no tienen que ser «jueces» o «salvadores» de nadie, sólo tienen que ser hijos. Cuando esto sucede, descansan. Y ven luz donde sólo había oscuridad y culpa. Por tanto, no les ayuda el que sientan que tienen que posicionarse juzgando a uno o salvando al otro.

También sucede que el niño, al posicionarse del lado de la víctima, puede sentir que el perpetrador le está haciendo daño también a él. Es natural sentir dolor cuando hieren a alguien a quien quieres, pero el niño tiene que poder identificarse como una persona distinta y llegar a comprender que no le están haciendo daño directamente a él, que eso es algo entre sus padres, que sus padres pueden incluso odiarse entre sí pero que cada uno por separado puede quererle a él. Tiene que entender que la relación entre sus padres les pertenece a ellos y su relación con cada uno de ellos es algo distinto.

TRANSITAR EL DUELO ES INEVITABLE

Cuando los adultos nos separamos, al igual que ocurre cuando muere un familiar, los niños toman conciencia de la pérdida, se dan cuenta de que podemos perder a las personas que queremos, aunque en el caso de las separaciones estas personas siguen estando presentes en nuestra vida, la realidad es que ya nunca será como antes. El ambiente familiar ha cambiado para siempre (el mundo tal y como lo conocían, las interacciones entre ellos, etc) y eso va a suponer para ellos el tener que pasar por un proceso de duelo que les permita adaptarse lo mejor posible de lo que fue a lo que es.

ESTAR PRESENTES

A veces estamos sumidos tanto en nuestro dolor que no nos percatamos de las emociones de nuestros hijos, otras veces los niños las esconden muy bien, pero nosotros tenemos que ser conscientes de que para nuestros hijos no va a ser fácil «tener que elegir con quién pasa el día de su cumpleaños», despedirse de papá o de mamá para hacer el cambio, etc...Van a tener que acostumbrarse a vivir así toda su vida, es como si su mundo se partiera en dos o se duplicara, y esto es sólo el principio. Tenemos que estar atentos cuando se realicen estos cambios o cuando los niños tengan que elegir o les toque pasar un día especial con uno de los dos padres para permitirles expresar sus emociones sin miedo, es importante que sepan que sabemos cómo se sienten y que es normal dentro de la situación, que estamos para ayudarles y que para nosotros también es difícil, que está bien llorar o incluso a veces fantasear con que todo va a volver a ser como antes, pero que la realidad es esta y que estamos tratando de que todo sea lo menos difícil posible, que nuestra prioridad son ellos y su bienestar, y que tanto papá como mamá siempre van a estar juntos en esto: «que eres la persona más importante para nosotros, que sentimos mucho lo que ha pasado (que no lo hemos podido evitar) y que te queremos mucho».

UNA ESTRUCTURA SOBRE LA QUE PUEDAN SOSTENERSE

Es esencial que los niños sepan cuándo estarán con papá y cuándo con mamá. Esto les ayudará a encontrar un orden dentro del caos en el que se ha convertido su vida. Pero podemos facilitarles el proceso tratando de anticiparles siempre que podamos y cuando nos pregunten quién se va a ocupar de ellos en cada momento. Está bien utilizar algún recurso para que ellos puedan ver fácilmente cuándo estarán con papá y cuándo con mamá, por ejemplo, escribir en su agenda o en un calendario sus actividades y quién pasará a recogerles normalmente, qué fines de semana y festivos pasarán con cada uno, con el fin de que puedan vivir en un entorno lo más predecible y conocido posible. También es aconsejable utilizar colores, pegatinas, fotos para hacerlo más agradable y que los niños lo vivan con un poco de color.

Organizar de este modo las condiciones externas va a disminuir la sensación interna de angustia y desconcierto en la que viven los niños tras la separación. De este modo, no les va a resultar tan complicado familiarizarse con los cambios. Aun con todo, siempre lo más importante en estos casos es respetar sus rutinas todo lo posible y tratar de que sigan haciendo las mismas cosas. Aunque nos resulte incómodo, lo mejor es que seamos los adultos los que nos movamos de manera que descoloquemos lo menos posible la vida de nuestros hijos.

LO QUE NO AYUDA ...

- **No impidas o dificultes el contacto y el tiempo que los niños pasan con el otro progenitor.**

    Los niños necesitan por igual a su madre y a su padre, ya que para ellos sois sus pilares, y el resto de familiares y amigos las personas que forman su mundo. o les prives de ellos, no antepongas la rabia, las cuentas pendientes, los celos o la tristeza a sus intereses y a su bienestar, a su crecimiento. Si te es muy difícil te entendemos, sabemos que muchas veces cuando se llega a una situación de ruptura la relación entre los padres llega muy deteriorada y contaminada por muchas experiencias, pero esto es algo que tenemos que resolver los adultos y procurar que a los niños les afecte lo menos posible.

    Cuando las emociones nos desbordan es muy difícil «tragárselas» y autocontrolarse, somos humanos, por eso, si sientes que tus emociones te superan y que tus hijos pueden estar asumiendo una carga que no les corresponde, lo mejor es que pidas ayuda a un psicólogo. Te ayudará a transitar el camino del duelo, será tu apoyo y te ofrecerá un lugar de seguridad donde podrás liberarte de las emociones dolorosas y encontrar la fuerza que necesitas para ser un apoyo para tus hijos.

- **No creas que lo único que necesitan tus hijos es que el tiempo que pasas con ellos sea de calidad.**

    Lo importante no es darles «tiempo de calidad», que también, lo realmente importante es darles «cantidad de tiempo» y mucho cariño. Tus hijos necesitan estar contigo, necesitan tu presencia, tu amor y tus enseñanzas (límites).

- **No te «divorcies» de tu hijos.**

    Más allá de la nueva situación vas a seguir siendo padre o madre toda la vida, no abandones a tus hijos. Muévete por amor a ellos, que sea desde ahí desde donde nazcan todas tus acciones.

- **No te demores en tomar decisiones y resolver la situación.**

    Es necesario buscar soluciones en cuestiones económicas, de custodia, etc lo antes posible y de una manera pacífica. Si no es posible ponernos de acuerdo debido al resentimiento que podamos sentir tenemos que buscar la manera de que alguien nos ayuda a hacerlo, a ponernos de acuerdo cuanto antes para no prolongar el sufrimiento de los niños. Además del dolor causado por la ruptura y la pérdida de su familia tal y como la había concebido hasta ahora, todavía tienen que sufrir las consecuencias de las «batallas judiciales». A veces, hay que preguntarse: ¿qué es mejor? ¿estar en paz o tener razón?, sobre todo cuando «estar en paz» significa priorizar las necesidades y el bienestar de nuestros hijos. Como mujer y como hombre «estamos separados,» pero como padres siempre vamos a estar vinculados, queramos o no, y por tanto, si no podemos manejar la situación lo suficientemente bien, tenemos que buscar alguna figura que nos ayude a llegar a un acuerdo velando por los intereses de los niños. Esto se puede conseguir a través de la ayuda de algún familiar que guarde buena relación con ambos, que se pongan de acuerdo los abogados o bien buscar la intervención de un mediador familiar. Cualquier figura que vele por el bienestar de los niños y que pueda redactar la posición de cada parte para de ahí escoger aquella que sea más respetuosa para ellos.

- **No dejes el barco sin patrón**.

    Otro aspecto importante a tener en cuenta es el esfuerzo por complacer a los hijos por el daño que han sufrido o para que estén de nuestro lado, para compensar el dolor o porque ahora que pasamos menos tiempo con ellos no vamos a estar discutiendo... Al desatender estos aspectos estamos dejando a nuestros hijos «huérfanos» y nos estamos convirtiendo en «un amigo», dejando el barco sin patrón y sin sustituto y al dejar de pilotar el barco estamos fomentando el que se sientan inseguros. Un padre o una madre no son figuras que estén para consentir todo a los niños, un padre y una madre son las personas responsables de proporcionar las enseñanzas que necesitan para manejarse en el mundo. Sin límites y sin pronunciar cuando es necesario la palabra «no» sólo estamos fomentando su baja tolerancia a la frustración y no les estamos preparando para su futuro. Y esto no lo puede hacer nadie más por nosotros, independientemente de si estamos juntos o no, es importante ponernos de acuerdo con el otro progenitor en decisiones relevantes y actuar en equipo.

- **No les hagas sentir que son una carga para ti**.

    Los niños sufren mucho con estas situaciones y van a ser determinantes en su vida, de manera que hay que tener mucho cuidado con los mensajes que les transmitimos. Son nuestra responsabilidad y nunca tenemos que decirles las cosas que dejamos de hacer por ellos, el tiempo que nos quitan o el dinero que nos cuestan o verbalizar que todo es más fácil cuando no hay hijos de por medio, porque todo esto no hará más que fomentar que se instale la culpa en ellos y desarrollen creencias negativas sobre sí mismos que les impidan más adelante poder tener relaciones sociales y sentimentales satisfactorias (o sanas).

- **No les prometas algo que no vas a poder cumplir**.

    Trata de cumplir lo que dices. Si le prometes a tu hijos que vas a llevarles a algún sitio o que vas a ir a verles en un momento o actividad determinada, hazlo. Esto también va dirigido para los momentos en los que tienes que ponerles algún castigo. Sé coherente con tus palabras y cúmplelas.

- **No digas mentiras.**

    Procura no mentir y mucho menos pedirles que mientan para cubrirte. Este tipo de situaciones les hacen sufrir y les causan mucha ambivalencia. Si te has equivocado en algo está bien admitirlo, pedir disculpas y reparar el daño, de esta manera eres más confiable para ellos. Eres un modelo para ellos y aprenden más por lo que hacemos que por lo que decimos que hay que hacer.

- **No te abandones.**

    Cuídate, trata de restablecerte lo antes posible, busca ayuda. A veces con el apoyo de nuestros familiares y amigos es suficiente. Es una etapa dura pero vas a salir adelante. Déjate querer y cuidar por las personas de tu alrededor, practica deporte y meditación, y si esto no es suficiente, busca ayuda profesional para poder avanzar, pero no te abandones. Muestra a tus hijos que te cuidas y que, por tanto, puedes cuidarles. Muéstrales que están a salvo y que, aunque haya dolor, todo va a estar bien.

PRIORIDAD: EL BIENESTAR DE TU HIJO

Sabemos que esto es difícil, pero a los niños les ayuda mucho ver a sus padres «juntos». Somos conscientes de lo difícil que puede resultarte esto. Lo ideal sería que en celebraciones y momentos importantes para el niño estuvieran presentes mamá y papá y que no tuviera que duplicarse y celebrar todo dos veces o asumir que no va a vivir esos momentos con uno de los dos, pero si esto no es posible por la situación, es recomendable que alguna vez, aunque sea durante poco tiempo, os juntéis de forma amable y cordial, ya que estaréis contribuyendo a que se sienta pleno por un momento y aprendiendo que tanto para mamá como para papá, él es lo más importante. A los niños les hace muy felices estos momentos compartidos.

Es importante que sientan un hogar como el hogar principal, aunque también tengan su lugar en la otra casa y también es aconsejable que puedan disponer de sus cosas en el momento en que las necesitan. Es muy común en los niños de padres separados que tengan los deberes en una de las casas, no encuentren la ropa de deporte o no la lleven porque la olvidaron en casa de mamá o de papá, etc… Todo esto dificulta su día a día. Los niños se descolocan, se sienten dispersos y sienten a veces mucha vergüenza ante el resto de sus compañeros si se les ha olvidado algo importante o no van vestidos como el resto. Los adultos tenemos la posibilidad de rehacer nuestras vidas y recuperarnos, pero ellos además de tener que partirse en dos a nivel emocional, ven rota su vida y tenemos que hacer todo lo posible para ayudarles a rehacerse de nuevo. Sin un espacio estable, seguro y tranquilo esto no va a ser posible.

Cuentos infantiles

Una buena forma de ayudar a tus hijos a integrar todo lo que están viviendo es a través de los cuentos. Gracias a los cuentos, ofrecemos un soporte a los niños que les ayuda a elaborar lo que están sintiendo, ya que todavía no disponen de las herramientas adecuadas para hacerlo.

Cuando somos mayores tenemos la capacidad de entender lo que nos sucede y desahogarnos para aliviar nuestro dolor, y de esta manera, también obtenemos respuestas que hasta ahora no habíamos podido apreciar. Sin embargo, los niños todavía no tienen adquiridas estas habilidades, por lo que viven las experiencias adversas con mayor sufrimiento, ya que ni siquiera pueden ponerle palabras a lo que están sintiendo.

A través del relato de una historia y las vivencias de sus personajes, los niños pueden:

- ♦ Entender su experiencia interna.
- ♦ Aprender a identificar sus propias emociones.
- ♦ Conocer las palabras adecuadas para nombrarlas.
- ♦ Entenderlo que ha sucedido.
- ♦ Adquirir estrategias para afrontarlo.
- ♦ Descubrir diferentes puntos de vista.
- ♦ Incorporar formas adecuadas de resolver los conflictos.

Además de todo esto, les estamos ayudando a que se puedan acercar a la situación con menos dolor, ya que están mirándola «desde fuera», a través de una historia «ajena a ellos» y que guarda ciertas similitudes con lo que están viviendo.

Les damos la oportunidad de ver su propia experiencia con cierta distancia, desde una perspectiva más segura y menos dolorosa y desde ahí facilitamos que puedan incorporar las estrategias que necesitan para afrontarla.

Los siguientes cuentos pueden ayudarte para hablar con tus hijos sobre la separación.

LA TORTUGA DUNA

Érase una vez una tortuga llamada Duna que vivía en la arena. Le encantaba dar paseos por el campo y tumbarse al sol en la playa. Lo hacía a diario. También le gustaba excavar túneles y los cangrejos eran su animal favorito. Cerca de allí, en el océano, había una tortuga de mar llamada Patricio, que vivía en la profundidad del mar y disfrutaba nadando en las olas.

Un día Duna, la tortuga de tierra, buscando y rebuscando cangrejos llegó hasta la orilla del océano, al mismo tiempo que Patricio, la tortuga de mar, nadó hasta las aguas menos profundas de la playa para poder sacar la cabeza de debajo del agua y contemplar el cielo azul. De pronto Patricio y Duna cruzaron sus miradas y se enamoraron. Patricio nunca había visto una tortuga de tierra y su aspecto diferente le pareció muy atractivo. Lo mismo le sucedió a Duna al ver el caparazón azulado de Patricio.

Las dos tortugas decidieron casarse. Durante un tiempo vivieron en la orilla del océano para que Duna pudiera calentarse en la arena y Patricio permanecer en las aguas poco profundas.

Pronto tuvieron dos bebés tortugas: Tommy y Tina, que se parecían a su padre y a su madre. Les encantaba tanto nadar en el océano con su padre Patricio como tomar el sol en la arena como su madre Duna. Pero de pronto, algo falló. Duna cada vez pasaba menos tiempo en la orilla del océano y Patricio se pasaba el día nadando en aguas profundas. Además, cuando estaban juntos discutían y se peleaban. Finalmente, Patricio y Duna decidieron que ya no querían vivir más juntos. Tommy y Tina estaban muy tristes. Querían estar con papá y mamá todo el día, ya que amaban a los dos por igual. Tommy estaba muy enfadado y gritaba sin parar y Tina estaba todo el día dentro de su caparazón, triste y sin querer salir de él.

Un día decidieron pedir ayuda al búho sabio que siempre daba buenos consejos. Y esto fue lo que les dijo:

A veces las tortugas de mar y las tortugas de tierra discuten porque son dos especies distintas y con hábitos distintos. La tortuga de tierra se siente triste en el mar y la tortuga de mar se siente triste en la tierra. ¡Es preferible que cada cual viva donde es feliz! Pero vosotros, Tommy y

Tina, sois medio tortuga de tierra y medio tortuga de mar, así que podéis vivir en los dos sitios. Podéis vivir tanto con papá como con mamá.

Y eso es lo que hicieron Tommy y Tina. Querían a papá y a mamá y aprendieron a disfrutar del tiempo que pasaban con cada uno de ellos. Se convirtieron en una especie de tortuga nueva, capaz de vivir en tierra firme y en el mar».

(Fuente: https://blogapoyofamiliar.blogspot.com/p/cuentos-y-consejos-para-tratar-con-sus.html)

LA ARDILLA SKYPER

Skyper era una ardilla muy alegre y traviesa a la que le encantaba subirse a los árboles y saltar en ellos de rama en rama. Cuanto más altos mejor. Allí se sentía feliz, jugando con sus amigos y sintiendo el viento del bosque en su cara. Pero eso era antes. Skyper ahora se sentía muy triste, pues en su casa sus padres no paraban de discutir.

Skyper se sentía muy abatido, quería mucho a sus padres pero ya desde pequeño empezó a oír sus discusiones y con el tiempo estas se hicieron más habituales. Un día, su madre le explicó que debido a esas peleas habían tomado la decisión de separarse y vivir cada uno de ellos en un nido distinto (para poder vivir más tranquilos y en paz).

Aunque las peleas en sus casa se acabaron, Skyper se sentía muy desgraciado, ya que pensaba que se peleaban por su culpa y que por eso se habían separado, y además no sabía qué hacer, si ir con su padre o su madre, ya que si elegía alguno de los dos pensaba que el otro ya no lo querría más o se enfadaría con él. Se sentía muy triste y quería que sus padres volvieran a vivir juntos.

Así que pensó: «me escaparé de casa y así cuando me busquen verán que los dos se quieren mucho y volverán a vivir juntos».

Así lo hizo, y su madre, cuando vio que no volvía llamó a su padre. Este le dijo que no lo había visto y así después de comprobar que no estaba con ninguno de ellos ni tampoco con ninguno de sus amigos se pusieron a buscarlo.

La abuela de Skyper, que era muy lista, lo encontró en seguida.

—Abuela, ¿cómo me has encontrado? —preguntó Skyper.

—Sólo he tenido que buscar el árbol más alto del bosque —respondió su abuela—. Sé que te gustan los árboles muy altos.

—¿Papá y mamá me están buscando?, volvió a preguntar Skyper.

—Por supuesto, pero si has hecho esto para que vuelvan a estar juntos ha sido un error —dijo su abuela en tono de reprimenda.

—Pero, ¿por qué, abuela?

—Porque tus padres ya no se quieren y no son felices juntos.

—¿Y es por mi culpa? —preguntó Skyper, muy apenado.

—Claro que no, pequeño. Mira, tus padres se enamoraron y se casaron muy jóvenes. Construyeron su nido y se querían tanto que naciste tú. Pero ellos son muy diferentes, ya sabes que tu madre es una ardilla, es muy activa durante todo el día y no para ni en invierno. En cambio, tu padre es un lirón, él prefiere más la noche que el día, y además, en invierno hiberna. De ahí vienen sus discusiones.

—¿Y por eso se han separado?

—Claro. Además, no se puede discutir todos los días, porque luego podrían llegar a pelearse y hacerse más daño. Así que han decidido que para ser felices, cada uno tiene que vivir en su propio nido. Así que si los quieres, tendrás que aceptar que vivan separados.

—Pero... ¿y yo dónde iré? —volvió a replicar Skyper.

—Mira Skyper, tú tienes lo mejor de cada uno de ellos. Eres muy activo, pero también prefieres la noche como tu padre. En cambio, como eres una ardilla no tienes la necesidad de hibernar. Así que puedes pasar unas temporadas con tu padre y otras con tu madre. Ellos no se van a enfadar por eso porque te quieren mucho. Son tus padres y eso sí es para siempre, no lo olvides.

Skyper y su abuela se abrazaron y juntos volvieron a casa de su madre. Todos fueron felices. El padre de Skyper podía salir tranquilamente a disfrutar de la noche y su madre trabajaba de día y no paraba durante el invierno. Skyper se volvía a divertir saltando de árbol en árbol, y además, como pasaba unas temporadas con su padre y otras con su madre, conoció nuevos bosques e hizo nuevos amigos.

(Fuente: https://blogapoyofamiliar.blogspot.com/p/cuentos-y-consejos-para-tratar-con-sus.html)

EL MAR A RAYAS

Caterina vivía en una casa pintada a rayas sobre la punta de una isla. Vivía con su padre, que había construido la casa en lo más alto para poder tener bonitas vistas. Para que la casa no cayera ni a un lado ni a otro de la isla su papá había puesto un volcán rojo en la cocina.

Caterina también tenían un caballo verde para que comiera la hierba que crecía en el salón. Caterina tenía que preocuparse a todas horas de que el caballo no se comiera los lápices ni los libros. Al caballo le gustaba sentarse en el televisor.

La isla de Caterina tenía un ascensor que sólo subía para arriba, no se acordaba desde cuándo vivía allí, lo mismo que no se acordaba de qué jersey se había puesto el día anterior.

Su madre había ido a vivir a un barco a la orilla de la isla para tener bonitas vistas. Sin embargo, su padre permanecía en la isla y allí vivía. Caterina le preguntó a su padre por qué cada uno vivía en un sitio diferente y su padre replicó «es que tu madre y yo estamos separados».

Caterina no sabía qué significaba estar separados, pero un buen día, pensando en aquella difícil palabra, se dio cuenta que había perdido un calcetín: «¿dónde habré puesto el calcetín de rayas?», pensó preocupada, comprobando que llevaba puestos dos calcetines diferentes. «Yo no me lo he comido», dijo el caballo que estaba tumbado sobre la tele tomando el sol. Caterina sabía que el caballo decía la verdad, porque los caballos no comen calcetines, a no ser que sean de azúcar, y decidió bajar hasta la playa a preguntarle a su mamá.

Mientras esperaba para cruzar la calle, el hombrecito rojo del semáforo le dijo:

—¿A dónde vas?

—A buscar el calcetín que he perdido, no quiero que mis calcetines estén separados.

—Mira —respondió el hombrecito verde del semáforo— no debes preocuparte, nosotros estamos separados desde siempre y no pasa nada, unas veces uno se pone rojo y otras veces el otro se pone en verde. La gente nos lo agradece mucho.

Caterina se rió mucho con aquellos hombrecitos y les prometió cambiarles las bombillas cuando volvieran la próxima vez.

Al pasar por la mitad de la isla, donde siempre había puestos de zumos y batidos, encontró a un cartero con camiseta de rayas que escribía cartas.

—¿A quién estás escribiendo? —preguntó.

—A mi mejor amigo, le escribo cartas larguísimas.

—¿Y por qué no vas a dárselas tú mismo y así estás con él?

—¡Oh, no! Yo prefiero que estemos separados, si no, no podría recibir cartas. A mí me encanta recibir cartas, ¿sabías? Es lo que más me gusta de este mundo.

A Caterina le divirtió aquel cartero a rayas y le prometió escribir una carta desde el barco de su madre en la playa. En la parte de la isla que había hierba alta, vio una vaca con calcetines rojos, que lloraba amargamente, sentada sobre sus patas traseras.

—¿Qué te pasa? —le preguntó preocupadísima.

—No puedo caminar, no puedo caminar a ninguna parte.

—¿Por qué? ¿Te has perdido?

—¡No! Se me ha olvidado cómo se hace para dar un paso.

Caterina estaba sorprendida. La vaca se puso de pie para probar suerte, pero cuando intentaba dar un paso movía las cuatro patas a la vez y terminaba cayendo a un lado, aplastando las grandes hierbas a su alrededor.

—¿Lo ves? —le dijo llorando de nuevo—. No puedo dar ni un solo paso. ¡Qué desgraciada soy!

—Para dar un paso tienes que poner primero un pie y luego el otro, ¡no puedes mover los cuatro a la vez! Cada pie tiene que ir por un lado.

Caterina enseñó a la vaca a mover las patas una a una y la vaca por fin pudo dar un paso.

—¡Oh, gracias! ¡Ahora sí que puedo! —dijo dando un salto con las cuatro patas a la vez.

Caterina se despidió de su nueva amiga y le prometió comprarle unos nuevos calcetines y se fue contenta porque se había dado cuenta de lo necesario que era tener las piernas separadas para dar los pasos y para no tener que caminar siempre dando saltos. Estaba a punto de cruzar un paso de cebra cuando, sin querer...«¡achus!» estornudó. Quitó la harina blanca del paso de cebra y salieron volando las rayas negras, que ya no eran rayas sino un gran punto negro.

—¡Eh! ¿Qué haces?

—Lo siento —dijo Caterina—, no he podido aguantarme. Ahora están todas las rayas negras juntas por un lado y las blancas por el otro.

—Esto es terrible —dijeron enfadadísimas—. Las rayas del mismo color no podemos estar juntas, porque entonces... ¡no somos rayas! Tenemos que estar separadas, si no, la gente no podría ver el paso de cebra.

Caterina se dio cuenta de que era verdad, ya no veía el paso de cebra. Prometió regresar con harina blanca para volver a hacer las rayas en cuanto pudiera.

Finalmente, Caterina llegó a la playa. Su mamá estaba muy ocupada haciendo un pastel de melocotón con k. Caterina descubrió que le gustaba más su nombre con K.

—¡Mamá! ¡He perdido mi calcetín de rayas!

—Oh, es verdad, aquí está el otro. Pero, ¿por qué no lo dejas aquí? Así pensaré en ti cuando no estés.

—Pero... ¿tú no crees que los calcetines quieren estar juntos?

—No creo. ¿O no te has dado cuenta de que los calcetines se pierden continuamente? Se aburren de estar siempre emparejados, es más divertido llevar siempre un calcetín de cada color.

Caterina se rio mucho al ver cómo su madre hablaba con la k. Su madre era divertidísima, le gustaba hacer cosas siempre diferentes, por ejemplo, ¡se bañaba en el mar con pijama!

Desde el barco vieron a papá en lo alto de la isla pintando las rayas de la casa y le saludaron alegremente. Caterina recordó lo que había aprendido en aquel viaje. No todas las cosas quieren estar juntas, a veces es necesario que estén separadas. Mientras comía el pastel mirando la puesta de sol se dió cuenta que el mar tenía rayas azules y naranjas.

Fuente Youtube: audiocuento publicado el 22 de junio de 2016.
Psique Atención psiquemonterrey@gmail.com.
Autora: Susana Barragues Sáinz

CÓMO UTILIZAR LOS CUENTOS COMO RECURSO

Los cuentos son recursos imprescindibles para ayudar a los niños a pensar y hablar sobre lo que ha sucedido, ya que ellos todavía no tienen la facilidad para ponerle palabras a lo que sienten. Aunque creas que no es bueno sacarles el tema o hablarles de ello para no «remover», es precisamente lo contrario. Ellos, al igual que nosotros, necesitan verbalizar y expresar lo que sienten, ponerle nombre a lo que ha ocurrido y al dolor, miedo o tristeza que esto les provoca y hacerlo a través de una historia «ajena» a ellos les va a ayudar a poder integrarlo mejor y a ofrecer menos resistencia a conectar con lo sucedido. Para que el dolor sea menor debemos ayudar a los niños a entender lo que están sintiendo y permitirles poner en palabras sus sentimientos y sus pensamientos.

Los cuentos nos ayudan a expresar emociones y a trabajar los conflictos internos a través de historias que simbolizan la situación en la que los niños se encuentran. No necesitamos que el cuento hable exactamente sobre lo que nos ha pasado o que contenga las mismas características de la realidad del niño, ya que los niños tienen la habilidad de extrapolar y generalizar el aprendizaje que contienen.

Además de los cuentos infantiles que existen (hemos seleccionado 3, pero hay muchos cuentos que hablan sobre el duelo por separación de los padres), también podemos crear nuestro propio cuento con el niño. Esta forma de elaborar e integrar las emociones generadas por la ruptura de sus padres es muy recomendable porque podemos conseguir que se encuentre más motivado para tratar el tema y conozcamos más información sobre qué piensa y cómo se siente de una manera más divertida.

Es recomendable utilizar todos los recursos que se nos ocurran y dotar al cuento de la máxima expresión, no sólo a través de textos, sino también con imágenes, fotos reales, dibujos hechos por el propio niño, etc. Podemos hacerlo con cuentos adaptados a su edad: cuantos más pequeños menos palabras y más dibujos. Cuando son un poco más mayores podemos hacerlo en forma de cómic, por ejemplo, y utilizar muchos colores, cartulinas, etc. También podemos hacer cuentos animados y que aparezcan personajes que representen a cada miembro de la familia y las personas y roles que vayan apareciendo en la historia. De esta manera puede ser aún más interactivo y nos permite observar si el niño atribuye roles inadecuados a alguien, culpa o ve como víctima a alguno de los padres, etc...

Recuerda que lo más importante es que el niño pueda pensar y hablar con vosotros sobre lo que ha ocurrido de manera que le ayudemos a entender a integrarlo mejor a todos los niveles (verbal, emocional, racional).

¿Cuándo acudir a terapia?

Lo ideal en situaciones de divorcio es que sean los padres los primeros que acudan a terapia de pareja/terapia de familia con el objetivo de que la separación se dé de la manera menos traumática posible y con las menores secuelas para sus hijos.

Pero sabemos que generalmente la ayuda de un profesional se solicita una vez que los padres ya se han divorciado y tras ver que, con el paso del tiempo, los niños han disminuido su rendimiento escolar. La mayoría de las veces decidimos llevar a nuestros hijos a terapia cuando sus profesores advierten un mal comportamiento continuado o cuando se aprecia una bajada en sus notas. Parece que es la única señal de alarma que consigue abrirnos los ojos y empezar a actuar para proteger a nuestros hijos, pero lo cierto es que no hace falta llegar a este extremo, evitándole mucho sufrimiento al niño y su presencia en numerosas situaciones dolorosas. Además, el rendimiento académico es sólo una de las áreas donde el niño puede manifestar que la situación le está afectando, y hay muchos niños que se portan bien o sacan muy buenas notas, pero manifiestan otros síntomas, como miedos excesivos, inseguridad, ansiedad o dificultades en las relaciones sociales.

Por tanto, según nuestro criterio, lo ideal es que sean los padres los que acudan a terapia en primer lugar como forma de hacerse responsables de la situación y donde puedan adquirir habilidades para afrontarlo. De esta manera estaréis priorizando el bienestar de vuestros hijos y os haréis cargo de la decisión. La separación se hará de la forma más cordial posible y guiados por un profesional con experiencia en estos temas.

Muchas veces, este tipo de formato de terapia es suficiente, tanto para los padres como para sus hijos y nos evitamos secuelas posteriores. Esto es importante porque, como hemos dicho, los niños tienden a sentirse culpables por defecto cuando sus padres se separan y si además finalmente son ellos los únicos que van al psicólogo es muy fácil que confirmen que el problema son ellos, o que el problema lo tienen ellos, porque se portan mal o les va mal en el colegio.

No obstante, si esto no ha sido posible, hay señales que puedes tener en cuenta para advertir un riesgo en el bienestar psicológico y emocional de tu hijo tras una separación, y no necesariamente tiene que sufrir alguna patología grave para ello.

Las separaciones, como hemos visto anteriormente, pueden tener secuelas muy serias para nuestros hijos y tenemos que estar atentos y proporcionarles la ayuda que necesitan. En la terapia psicológica lo importante es el niño, no estamos en ningún bando, no estamos del lado de mamá ni de papá (como el resto de personas), estamos del lado del niño, facilitamos un espacio en el que se pueda desahogar y expresar su opinión sin miedo a hacerles daño.

Ten en cuenta las siguientes señales:

- Si vuelve a no controlar los esfínteres.
- Tiene dificultades para dormir o ha vuelto a tener miedos que ya había superado.
- Si ha perdido el interés en jugar y relacionarse con otros niños.
- Si se comporta de forma violenta o agresiva en casa, en el colegio o en otros lugares.
- Cuando no se quiere ir con alguno de sus padres o lo hace con mucho sufrimiento.
- Si empieza a tener problemas de atención o rendimiento en el colegio.
- Si se muestra nervioso, temeroso o triste sin motivo aparente o durante gran parte del tiempo.
- Si no acepta la separación o sigue fantaseando con la reagrupación familiar, aun con el paso del tiempo y cuando su nueva situación ya está consolidada.

Estas conductas o estados de ánimo pueden darse en el inicio de la separación o coincidiendo con momentos difíciles entre vosotros (peleas, si no pueden ver a uno de los padres, etc), pero si se siguen observando una vez que la separación se ha formalizado y los niños han pasado un período de adaptación a la nueva situación es necesario que acudan a terapia para evitar secuelas mayores y ayudarles a restablecer cuanto antes su bienestar.

12. Espiritualidad y duelo

¿Qué ocurre después de la muerte? ¿Dónde están nuestros seres queridos? ¿Por qué nos ha sucedido a nosotros? ¿Por qué en este momento? ¿Acaba aquí nuestra existencia, volveremos a encontrarnos?

La espiritualidad es una de las dimensiones que integran el desarrollo del ser humano y es vivida por cada persona de una manera muy íntima y subjetiva. Desde tiempos inmemoriales, el ser humano ha tenido necesidades espirituales y se ha preparado para trascender a la muerte apoyado en creencias y ritos muy diversos. Se han encontrado pruebas de ello en el Paleolítico, entre los 130 000 y los 9 000 años a.C, donde las personas fallecidas eran enterradas acompañadas de utensilios de caza, lo que prueba que ya creían en la posibilidad de una vida después de la muerte.

Incluso hay investigadores que sugieren que la espiritualidad no es una faceta exclusivamente humana, como el neurólogo estadounidense Kevin Nelson, que tras años de investigación apunta que las experiencias espirituales existieron incluso antes que el lenguaje. Esto nos hace pensar que las experiencias místicas no son exclusivas del ser humano, sino que otros animales también han podido experimentarlas.

Pero para poder hablar de espiritualidad primero tenemos que diferenciarla de la religión porque no son lo mismo. La espiritualidad es un concepto más amplio que la religión, se trata de una dimensión del ser humano, una predisposición innata que se genera a través de ciertas estructuras cerebrales y que sirve para ayudarnos a encontrar el sentido y el significado de nuestra existencia o de las situaciones adversas a las que nos enfrentamos, sin embargo, la religión es una construcción social. Por tanto, una persona puede ser espiritual y no pertenecer a ninguna religión concreta.

Actualmente, las neurociencias nos han permitido conocer de manera científica la espiritualidad y localizarla en ciertas estructuras cerebrales, como son el sistema límbico, también conocido como cerebro emocional. Debido a estos avances, es importante hablar de ella y poder integrarla en el trabajo terapéutico de los procesos de duelo, ya que se ha comprobado que la espiritualidad se correlaciona de forma positiva con la resiliencia, por lo que consideramos esencial incluirla en este libro como estrategia de afrontamiento en el duelo y como parte fundamental del crecimiento personal después de una pérdida o situación traumática.

Es importante señalar que la verdadera espiritualidad llega cuando se ha transitado o se está transitando el proceso de duelo de manera sana, es decir, no puede ser utilizada para evitar el dolor de la pérdida. La espiritualidad no debe estancarnos en la fase de negación del duelo, ni debemos autoengañarnos pensando que si creemos en el más allá o en que si existe algo superior a nosotros entonces no pasaremos por el dolor de no disfrutar de nuestros seres queridos fallecidos en esta vida. El dolor hay que sentirlo, y el duelo hay que hacerlo, porque es cierto que nuestros seres queridos ya no están y no van a volver, o al menos no en la forma en la que los conocíamos, y no vamos a poder hablar con ellos ni volveremos a tener la oportunidad de compartir nuestras experiencias tal y como la hacíamos.

El desarrollo de la espiritualidad está al servicio de reasignar un sentido y nuevo significado a nuestra vida sin ellos, a ayudarnos a crecer y continuar el viaje con el aprendizaje que nos llevamos y el agradecimiento por todo lo que hemos podido vivir con ellos y aprender con ellos.

La espiritualidad es una facultad que, como otras; por ejemplo, la capacidad musical, puede estar más o menos desarrollada en cada persona dependiendo del contexto y las características familiares, sociales, culturales, etc. y muchas veces se convierte en objeto de controversia. Es esencial tener en cuenta que no todas las personas que atraviesan el camino del duelo están dispuestas o preparadas para conectar con esta parte de sí mismas y tenemos que respetarlo, incluso como ya hemos visto en capítulos anteriores, podemos estar pasando por el camino de la rabia y dirigirla contra Dios o contra la Naturaleza por haber permitido que nuestro ser querido haya terminado su existencia, por lo que en algunas etapas del camino puede ser contraproducente intentar que las personas vivan la pérdida desde esta perspectiva, ya que es algo que sólo llega en su momento y es el propio doliente el que tiene que estar dispuesto y motivado para nutrirla y desarrollarla. El respeto siempre debe ser nuestra guía.

Pero también sucede a la inversa, ya que no son pocas las personas que se apoyan en alguna religión para dotar de sentido el camino del dolor y también deben ser respetadas, porque muchas de ellas pueden encontrar el consuelo, el acompañamiento y la esperanza que necesitan en la estructura y las bases que ofrecen la práctica de alguna religión.

Existen diferentes formas de abordar este tema pero una misma conclusión:

- Personas que ante una pérdida o situación crítica en su vida no encuentran respuestas, alivio, esperanza o ayuda en ningún tipo de conexión espiritual y/o religiosa: **RESPETO**.
- Personas que ante una pérdida o situación crítica encuentran respuestas, alivio, esperanza o ayuda en la espiritualidad basada en algún tipo de creencia religiosa: **RESPETO**.
- Personas que ante una pérdida o situación crítica encuentran respuestas, alivio, esperanza o ayuda en la espiritualidad como dimensión más amplia sin que implique ningún tipo de creencia religiosa: **RESPETO**.

Es nuestro deseo abordar este tema siendo sensibles y teniendo en cuenta la diversidad de creencias culturales, espirituales y religiosas que existen, tratando el tema desde una perspectiva rigurosa y ofreciendo así modelos de afrontamiento que nos ayuden a encontrar sentido a los momentos más difíciles de nuestra vida.

El consuelo de la religión

Ante situaciones desesperadas como la muerte de un ser querido los seres humanos siempre hemos necesitado construir una idea de Dios, del más allá y del sentido que tienen las pérdidas en nuestra vida, es decir, ante este tipo de vivencias aparecen de manera recurrente preguntas existenciales que buscan encontrar un sentido o significado a la pérdida y los diferentes tipos de religiones han tratado de generar una estructura y una red de apoyo a través de sus escrituras y ritos para ayudar a dar un sentido de trascendencia a la vida más allá de la muerte. Las personas anhelamos seguir conectadas a nuestros seres queridos fallecidos y a través de la religión podemos encontrar esta forma de vinculación simbólica.

Esto se ha hecho desde hace muchos años y a través de diferentes culturas, pero la función de la religión, sea del tipo que sea, es siempre la misma: proporcionar un repertorio de creencias que puedan dar respuestas que nos ayuden a entender de manera coherente las cuestiones existenciales y aportar consuelo y esperanza ante los grandes embates o circunstancias difíciles de la vida, en especial nuestra muerte y la de nuestros seres queridos.

Podemos citar varios ejemplos de cómo se ha ido utilizando la religión como recurso de afrontamiento en el duelo ofreciendo como fin último la trascendencia de la muerte y la continuación del alma en el más allá a través de diversas religiones. Veamos algunas de ellas:

- **La cultura egipcia:** los antiguos egipcios se apoyaban en una religión politeísta (no veneraban a un único Dios) en la que se creía que la energía nunca muere ni se descompone, sino que el alma salía del cuerpo al morir, y prueba de estas creencias eran todos los objetos con los que eran enterrados para que les acompañaran en su siguiente etapa en el más allá. Esta forma de afrontar la pérdida era esperanzadora ya que resultaba una manera simbólica de dar continuidad y vivir la pérdida con esperanza.
- **El judaísmo:** en este tipo de religión se entendía el duelo como una oportunidad para canalizar las emociones y poder aceptar la pérdida y se le daba mucha importancia a las ceremonias de transición «a la otra vida» para poder elaborarlas.
- **El islamismo:** los musulmanes creen en la vida más allá de la muerte, y en la resurrección corporal. Para ellos es crucial el día del juicio final de Dios, en el que se reunirá toda la humanidad.
- **El budismo:** los budistas creen en el renacimiento. Pero este renacimiento no es algo visto como deseable. El samsara es el ciclo de nacimientos, muerte y renacimientos. En la religión budista se persigue el cese de este ciclo, lo que se consigue alcanzando el nirvana. El nirvana es un estado donde no hay sufrimiento ni una existencia fenoménica individual.

- **El cristianismo:** las personas cristianas viven la muerte como un paso del alma a la vida eterna, en este caso no creen en la reencarnación y sí en la perpetuidad del alma. Su manera de afrontar el dolor y el sufrimiento es ofreciéndoselo a Dios como muestra de su fe.

Hoy en día conocemos a través de diferentes estudios científicos que son numerosas las personas que han acudido a la religión desde muchos años atrás para encontrar sentido a su experiencia de duelo y han encontrado en ella la fuerza o las respuestas que necesitan para otorgar significado a la pérdida y aliviar así su dolor. Estas personas han encontrado de esta manera la oportunidad de crecer y desarrollarse espiritualmente y vivir su duelo con menor sufrimiento o desesperanza, por lo que es necesario tenerlo en cuenta para poder utilizarlo como recurso terapéutico en aquellas personas que se sientan atraídos por ella.

Victor Frankl y la búsqueda de sentido

(...) Las transformaciones se producen en los callejones sin salida.

Bertolt Brecht

Las necesidades espirituales generalmente emergen cuando estamos viviendo acontecimientos especialmente difíciles, cuando nuestra vida se quiebra y los cimientos de lo que habíamos construido se tambalean. Ante este tipo de situaciones críticas es cuando aparecen las preguntas que intentan ayudarnos a entender lo que está pasando para poder darle un sentido y crecer como seres humanos. No podemos dejar de hablar en este punto del hombre que encontró en estas preguntas las respuestas a por qué, o más bien, para qué, seguir viviendo: Victor Frankl.

Viktor Frankl fue un reconocido psicoterapeuta y psiquiatra de origen austríaco que vivió una de las experiencias más horribles conocidas en la historia de la humanidad: el Holocausto Nazi ocurrido durante la Segunda Guerra Mundial y, tras sobrevivir a ello y a la pérdida de prácticamente todos sus seres queridos, encontró la manera de trascender el dolor. Transitó su camino de búsqueda de sentido llegando a la conclusión de que todas las personas podemos superar cualquier adversidad si somos capaces de otorgarle un sentido a esa experiencia, si cambiamos el ¿por qué? por un ¿para qué?. Esta búsqueda de sentido y significado ante las situaciones más adversas marca la diferencia a la hora de sobrevivir a las pérdidas. A través del crecimiento y la resiliencia, él observó que las personas que tenían una meta en la vida o no perdieron la esperanza al plantearse el ¿para qué vivir? tuvieron más probabilidades de sobrevivir. Esta búsqueda de sentido quedó recogida en una corriente terapéutica que él mismo creó, conocida por el nombre de «logoterapia».

La búsqueda de sentido requiere hacer un proceso de introspección, de mirar hacia dentro para poder revisar nuestras creencias sobre la vida y la muerte, poder reconciliarnos con nuestras anteriores expectativas y generar un proceso de renovación que otorgue un nuevo significado a nuestra existencia.

> *(...) No importa realmente lo que nosotros esperamos de la vida, sino lo que la vida espera de nosotros.*
>
> *Viktor Frankl*

Para poder hacer este trabajo profundo, intenso, genuino y renovador debemos estar preparados, habiendo transitado nuestro propio camino del duelo y habiendo llegado a la última de las etapas, en la que permaneceremos caminando y creciendo el resto de nuestras vidas. Entonces estaremos lo suficientemente preparados para plantearnos estas cuestiones existenciales desde la graduación de la intensidad de nuestros sentimientos, desde la fortaleza que nos otorga el poder seguir adelante sin las personas que amamos.

En esta etapa podemos advertir cómo nuestra energía y atención empiezan a estar más dirigidas hacia nosotros y no tan enfocadas en la pérdida o en el ser amado que ya no está. Esto no significa que lo hayamos olvidado, claro que no, significa que lo hemos integrado y colocado en un lugar sagrado y especial dentro de nuestro ser, que ya camina dentro de nosotros y que estamos preparados para avanzar con el dolor, el amor, y el aprendizaje que nos ha brindado.

Desde el legado que nos ha dejado Viktor Frankl y la literatura científica en el campo de la espiritualidad, existen varios senderos que, al caminar por ellos, pueden ayudarnos a encontrar respuesta a nuestras necesidades existenciales:

- ♦ Las vivencias espirituales son maravillosas oportunidades de renovación, crecimiento y aprendizaje que nos sirven para encontrar un propósito y significado a nuestra vida.
- ♦ Podemos encontrar el sentido de nuestra existencia a través de las contribuciones que hacemos al mundo y a las personas que habitan en él.

- Formularse preguntas sobre el sentido de la vida supone colocarse en el camino de la espiritualidad, es la casilla de salida para empezar a encontrar respuestas.
- Aceptar el 100 % de responsabilidad ante las adversidades de la vida abandonando la posición de víctimas: no somos culpables de lo que nos sucede pero sí responsables de lo que hacemos con ello y de la manera en que nos afecta.
- Para encontrar el verdadero sentido tenemos que dejar de mirarnos a nosotros mismos y colocar la mirada en servir a un propósito superior. Cada persona otorga este papel a lo que considera oportuno: lo sagrado, la divinidad, la naturaleza, el universo, la fortaleza humana, esto es algo único y personal para cada ser humano.
- Mirar la vida como un proceso, no como un resultado.
- Utilizar el sentido del humor como forma de romper los corsés incapacitantes y encontrar una manera más desenfadada y suave de interpretar y narrar la realidad. Un buen ejemplo de esto lo encontramos en la película «La vida es bella» y cómo el protagonista narraba a su hijo todo lo que estaba pasando desde el humor para protegerlo y ayudarle a vivir con fuerza, alegría y esperanza en un entorno tan hostil.
- Pregúntate de qué manera puedes ayudar o contribuir al mundo, cuáles son tus dones o habilidades y dónde son más servibles o de qué manera los puedes hacer llegar a más personas. Todos tenemos dones y habilidades que nos diferencian de los demás. Cada persona, sin excepción, puede aportar algo especial al mundo, pero no todas las personas son conscientes de su potencial. Si estás bloqueado y no logras identificar cuál puede ser tu contribución, o la pregunta de cómo pueden servir tus dones al mundo te hace sentir mal, redúcelo a algo más simple, enfócate en tu pequeño campo de acción: en cómo puedes ayudar o servir a una persona, un animal o un lugar que necesite de ti.

(...) El éxito es un camino, no un destino.

Deepak Chopra

Elisabeth Kübler-Ross: comprendiendo el final de la vida

Elisabeth Kübler-Ross vivió gran parte de su vida acompañando a personas en su lecho de muerte. Estuvo en contacto directo con el dolor y con la forma de afrontamiento que estas personas adoptaban ante su marcha inminente.

Fue una de las primeras personas de la rama médica que trató de estudiar este tema desde una perspectiva humanista, tratando de unir ciencia y espiritualidad. Visitó y acompañó a numerosos enfermos a través de diferentes culturas tratando de encontrar diferencias y similitudes a la hora de enfrentarnos a la muerte.

Entre otros hallazgos, descubrió que muchas personas relataban que veían o recibían la visita de seres queridos ya fallecidos días antes de su muerte que venían a acompañarles a hacer este tránsito y que estos encuentros les hacían sentir mucha paz y aceptación ante el hecho de morir. También pudo recoger numerosos testimonios de visión de maestros o gurús espirituales que variaban según las culturas, por ejemplo, si las personas que estaban a punto de morir eran cristianas describían que veían a Jesús, pero si se encontraba en países que profesaban otro tipo de creencias o religiones a quienes describían eran a otras figuras representativas de esa religión, pero el denominador común siempre era el mismo. También hablaban de sensaciones similares como la visión de una luz muy poderosa, difícil de expresar o describir con palabras y que sentían que era el Amor Incondicional más puro jamás conocido.

Este trabajo le causó serios problemas y fue objeto de muchas críticas en la comunidad científica, de la que fue apartada por muchos años y realmente el reconocimiento a su labor llegó en sus últimos años de vida y de manera póstuma.

Las críticas de la comunidad médica siguen estando en la misma línea justificando este tipo de experiencias como simples ilusiones o alucinaciones causadas por los efectos secundarios de los fármacos que se administran a estos pacientes para mitigar el dolor.

Kübler-Ross, tras todos estos años de investigación acompañando a enfermos terminales que comentaban haber recibido visitas o tenido visiones de seres queridos fallecidos que les acompañaban en esta transición, y después de haber vivido varias experiencias cercanas a la muerte en primera persona, escribió varios libros donde reflejó sus vivencias y su creencia en la supervivencia de la conciencia más allá de la muerte, animando a afrontar la última etapa de la vida como un proceso muy importante, con dignidad y sin miedo.

Existen infinitas posibilidades o caminos para encontrar el sentido de nuestra propia existencia y hoy en día, gracias a los estudios e investigaciones realizados, podemos decir que las personas que atienden y desarrollan su dimensión espiritual pueden encontrar el sentido y significado de las experiencias adversas y de su vida y afrontar el duelo con menor angustia y desesperanza.

Aquí hemos mencionado a algunas de las personas y las corrientes más reconocidas que han tratado de dejarnos señales o pistas sobre cómo avanzar en esta parte del camino, pero es importante que cada uno potencie y trate de colocarse en las circunstancias adecuadas para desarrollar su propia dimensión espiritual, basándola en el servicio a un propósito mayor y evitando sostenerla en eventos temporales, personas concretas o caminos efímeros.

Espiritualidad y Mindfulness basado en la autocompasión

El mindfulness está tomado de la filosofía budista y también es conocido como «atención o conciencia plena». La esencia de esta práctica consiste en prestar atención al momento presente sin juzgarlo, aceptando cada momento y cada experiencia tal como es.

Se trata de percibir nuestra realidad sin cuestionarla, sin pretender entender el porqué ni caer en la búsqueda de soluciones. La magia del mindfulness se encuentra en ser simplemente observadores de nuestra realidad, sin rechazarla, abrazando y viviendo cada momento con sus luces y sus sombras.

Existen estudios que han probado su eficacia en el tratamiento de problemas de estrés, ansiedad y depresión, por lo que ofrece otra alternativa terapéutica para manejar el duelo a través de la espiritualidad entendida desde este prisma.

Una actitud mindfulness nos puede ayudar a aceptar el duelo y las emociones que el proceso conlleva aunque éstas sean dolorosas. Nos permite entender que en la vida hay etapas y que todos los seres humanos tenemos que pasar por el proceso de vivir la pérdida de personas queridas.

(...) Maestro, ¿por qué ahora duele más? Porque elegiste la cura en vez de la anestesia.

Anónimo

Pero para poder entender bien qué es el mindfulness y cómo nos ayuda a elaborar las pérdidas tenemos que hablar de el concepto de «autocompasión» como piedra angular en la que se basa esta práctica. Autocompasión se refiere a la capacidad de comprendernos a nosotros mismos y darnos derecho a sentirnos tristes, permite aceptar también todas las demás emociones, como la rabia hacia la otra persona por haberse ido.

(...) Cuando me enteré de que mi novio había muerto no me lo podía creer, fue como una pesadilla. En mi cabeza sólo aparecía la pregunta ¿por qué? una y otra vez, y así pasaron muchos y muchos días. Pero llegó el momento o la sensación que más me bloqueó, que más me extrañó, que jamás pensaba que iba a aparecer: el odio. Le odié como nunca había odiado a nadie. Era incapaz de decir nada bueno sobre él, todo era malo y con cada persona que hablaba le insultaba, contaba lo peor de él, lo egoísta e infantil que era, quería hacer que la gente le odiase tanto como yo. Quería que si nos veía desde algún sitio, sufriera tanto o más que yo. Ese fue el sentimiento más duradero, el más desagradable, porque sacaba lo peor de mí. Hasta que un día me levanté y pensé en él con una relajación que nunca había sentido desde que se murió y en ese mismo instante supe que le había perdonado, le había perdonado todo el sufrimiento, todo el daño.

Vivir el duelo desde una actitud mindfulness implica aceptar todas las emociones y sentirlas sin cuestionarlas, desde el perdón a uno mismo y a los otros. Una de las cosas que más daño nos hace es juzgarnos o culparnos por lo que somos, por lo que sentimos, por lo que hacemos y desde ahí nos metemos en un entramado de pensamientos negativos que sólo hacen daño y nos desvían de nuestro verdadero propósito. Observarlos, identificarlos, sentirlos y dejarlos estar es una manera diferente de liberar el dolor, de comprenderlo, de empatizar con uno mismo y con el otro, de crecer, de encontrar el sentido, la calma o paz interior.

Desde el mindfulness podemos recoger todos los aspectos del ser querido que ya no está, podemos hablar de lo bueno y de lo malo, de lo que echaremos de menos de la otra persona. Cuando hay un fallecimiento o una ruptura, muchas veces tendemos a ver a la persona desde los extremos: a veces la idealizamos y sólo atendemos a los aspectos positivos obviando la parte menos buena de ella, y existen casos también en los que sólo aparece la crítica y la narrativa de todo lo que no nos gustaba del ser querido, muchas veces para protegernos del dolor de no volver a verlo.

El mindfulness nos permite integrar todos los aspectos de la experiencia y a crear un lugar interior en el que cabe toda la riqueza de la situación, nos ayuda a vivir el proceso de duelo con fortaleza y adquiriendo habilidades que pueden servir de esperanza y ejemplo para los demás.

13. Estrategias para trabajar tu propio duelo

Llegamos a este punto del camino con la propuesta de varios ejercicios que pueden ayudarte a trabajar tu propio duelo.

Esta obra es una compilación de contenidos, mensajes y experiencias que tienen el propósito de ayudarte a entender mejor el proceso de duelo, tanto en caso de pérdidas por fallecimiento como en rupturas sentimentales, y están dirigidos a darte información y soporte en uno de los momentos más duros) y transformadores de tu vida.

Las estrategias prácticas que te mostramos no sustituyen a una terapia psicológica, pero pueden tener un efecto catártico y movilizador, que te ayude a liberar, reparar e integrar parte de tu dolor, pues pueden hacerte más ligero el equipaje del duelo.

A continuación, encontrarás las siguientes estrategias para trabajar tu propio duelo:

- ♦ Prácticas sencillas -pero poderosas- de mindfullnes.
- ♦ Cómo cerrar una etapa emocional.
- ♦ La carta de despedida.

Prácticas sencillas —pero poderosas— de mindfulness

La esencia del mindfullnes es hacernos conscientes de la importancia que tiene vivir de manera plena en el momento presente.

Para los occidentales esta filosofía de vida se torna difícil, más aún si lo que hay en nuestro momento presente es la realidad de la pérdida. Nuestra mente va a desarrollar ingeniosas maneras de distraernos para «desconectarnos» del dolor, algo realmente perjudicial y que sólo consigue interferir en el proceso del duelo.

A continuación, compartimos contigo unos sencillos ejercicios que pueden ayudarte en tu práctica de la meditación:

1. RESPIRACIÓN CONSCIENTE

Una parte de nuestro cerebro se encarga de que respiremos 24/7 todos los días de nuestra vida, incluso durante el sueño profundo. No tenemos que hacer ningún esfuerzo para ello, sucede de manera automática. Bien, este tipo de respiración es una respiración para la supervivencia.

Los meditadores de todos los tiempos han utilizado las técnicas de respiración como la práctica estrella para conseguir un estado de relajación.

Existen numerosas formas de respirar de manera consciente, te dejamos algunas de ellas para que puedas ir alternando diferentes técnicas o utilizar aquella con la que te sientes más cómodo:

* **Respiración abdominal:** túmbate mirando hacia arriba (en posición de decúbito supino) y con las manos posadas en el abdomen, para sentir cómo este se hincha ligeramente al recibir el aire de la inspiración y cómo se desinfla al exhalar: inhala profundamente por la nariz, retén durante unos segundos el aire dentro de tu abdomen y exhala lentamente por la boca.

    Realiza el ejercicio durante unos minutos y al finalizar quédate por un momento observando y reconociendo tus sensaciones corporales.

* **Respiración de un minuto:** siéntate cómodamente con los pies en el suelo, y si es posible con la espalda apoyada en el respaldo, si no

hay respaldo, adopta una postura cómoda en la que no hundas tu espalda y estés agradablemente erguido/a. Toma aire por la nariz durante 4 segundos, retén el aire durante 2 segundos y exhala por la boca, también durante 4 segundos. Si realizas este circuito 6 veces, habrás consumido 1 minuto de tu tiempo.

Lleva a cabo «minutos de relajación» a lo largo del día: cuando te sientas angustiado o preocupado por algo, cuando te aburras, cuando sientas dolor o desesperanza, etc. Cualquier momento es adecuado para hacer una pequeña parada que te permita ser consciente.

2. OBSERVA SIN JUICIOS

Lleva a cabo varios momentos a lo largo del día en los que simplemente te detengas a observar lo que hay a tu alrededor. No observamos para juzgar o para darle un valor positivo o negativo a eso que vemos, simplemente paramos para mirar a nuestro alrededor y hacer una relación de «lo que ven nuestros ojos»: ¿qué objetos hay?, ¿qué formas tienen? ¿qué colores nos encontramos en este lugar?, ¿hay luces o sombras?, ¿qué texturas apreciamos?... Lleva a cabo una descripción interna de lo que vas encontrando. Tras unos minutos, retoma tus actividades.

3. SONRÍE

Puede que te duela mucho hacerlo o no te encuentres con ánimo, pero pruébalo, simplemente ponte un temporizador y durante un minuto trata de esbozar una ligera sonrisa en tu rostro. Aunque no lo sientas, aunque te cueste, aunque sea forzada. Lo mejor es que lo hagas con los ojos cerrados, intentando llevar esa sonrisa a tu interior, sonriéndote a ti mismo.

Puedes realizar esta práctica varias veces al día, siendo constante, puede contribuir a mejorar poco a poco tu estado de ánimo y te ayudará a relajar tu expresión facial y facilitará tu conexión emocional con otras personas.

La mente es como mirar un riachuelo. Cuando hay muchos pensamientos a la vez, el agua es turbia y nos impide ver a través de ella. Sólo cuando el agua está en calma es cuando se torna limpia y transparente, permitiéndonos apreciar la belleza de lo que se encuentra en el fondo.

Cómo cerrar una etapa emocional

Necesitamos poder «pasar página» para evitar estancarnos en el dolor ocasionado por una ruptura o experiencia adversa de pérdida. Las experiencias dolorosas, como el resto de experiencias, necesitan tener un ciclo definido: un comienzo, un desarrollo y un final. De no ser así, nos será difícil comenzar nuevas fases en nuestra vida y, lo que es peor, viviremos obsesionados con el pasado.

Por las características del tema que nos ocupa, muchas veces «ese final» sucede de manera precipitada, sin quererlo, sin esperarlo, dejándonos la sensación de que todavía nos quedan cosas pendientes.

Para poder cerrar una etapa a nivel emocional tenemos que conseguir realizar el circuito completo y llevarnos una lección que nos ayude a seguir adelante, de manera que esta experiencia haya tenido un sentido y realmente sintamos que quedó completada, sólo así podremos emprender nuevos caminos de manera sana.

Para poder emprender una nueva etapa en el camino necesitas haber concluido al menos a nivel simbólico las anteriores, vamos a ver de qué manera podemos hacerlo:

- Recuerda cómo empezó todo, si es una relación, piensa en cómo comenzó...
- Conecta con todos los aspectos emocionales de la experiencia, tanto aquellos que te hicieron sentir bien como otros más desagradables.
- Piensa en todo lo que hiciste para que esa relación prosperara.
- Ahora entra en contacto con tus errores, con los aspectos de tu comportamiento de los que no te sientes orgulloso/a.
- Tras realizar este trabajo de introspección, observa en qué dirección te sitúas para el cierre de la etapa, valora cómo de realistas son las opciones de solución que están emergiendo.
- Realiza un acto simbólico que te ayude a hacer el cierre, de modo que puedas culminar físicamente este trabajo interno. Existen numerosas y creativas maneras de llevar a cabo rituales que nos ayudan a finalizar ciclos o etapas: deshacernos de objetos relacionados con esa experiencia, visitar algún lugar especial que represente una parte importante de esta etapa, hacer alguna celebración o acto de despedida, llevar a cabo algún deseo de la persona que ya no está, etc.

- Reflexiona y escribe el aprendizaje que te ha aportado esta etapa y de qué manera te ha cambiado.

La carta de despedida

Está sobradamente comprobado que la escritura terapéutica o emocional es una de las prácticas más eficaces a la hora de construir una nueva visión de los problemas de índole psicológica y emocional.

Tal y como hemos mencionado a lo largo de esta obra, nuestro cerebro funciona a través de símbolos, por lo que tenemos la posibilidad de cerrar interiormente ciertos temas o aspectos que se han quedado sin resolver o conversaciones importantes que han quedado pendientes con nuestro familiar fallecido o ausente a través de este tipo de ejercicios.

Escribir nos ayuda a organizar los elementos que componen la experiencia dolorosa, implica seleccionar aquellos que son necesarios para dar sentido a la situación y nos permite externalizarlos para, por un lado, poder expresarlos disminuyendo así su carga emocional y, por otro, poder verlos con cierta distancia, desde una postura más imparcial.

Te proponemos realizar una carta de despedida que puede estar dirigida a tu ser querido fallecido o también puede ir dirigida a tu ex pareja. Por supuesto, esta carta es privada y personal, por lo que no tiene que ser enviada a ningún sitio. Una vez escrita, siéntete libre de hacer con ella lo que desees: puedes guardarla para poder releerla las veces que necesites, puedes liberarla y abandonarla en algún lugar especial, puedes romperla y tirarla o quemarla una vez que la hayas escrito, etc. No hay reglas escritas para esto, haz con ella lo que sientas que tengas que hacer.

La realización de la carta en sí misma es sencilla, no requiere que te expreses de forma brillante ni debe seguir un orden determinado. La dificultad de esta tarea realmente radica en todo lo que mueve a nivel emocional (interior), supone conectar con los sentimientos y emociones relacionados con todo lo que se nos ha quedado por decir a nuestro familiar, por lo que al principio puede ser doloroso.

El resultado de esta carta, sin embargo, va a ser muy transformador, se trata de conseguir la liberación emocional y reducir la carga emocional negativa asociada a la situación. Merece la pena.

RECOMENDACIONES PARA HACERLA

- Prepárate psicológicamente para ello.
- Agéndalo: busca un día y un lugar en el que puedas escribirla tranquilamente y con intimidad.
- Si es posible, cuenta con alguna persona de confianza por si después de escribir tu carta necesitas rodearte o reposar acompañado de gente cercana. Puede ser que necesites el soporte de alguien, o por el contrario, quizás lo que te ayude sea pasear, escuchar alguna canción significativa, darte un baño caliente, etc. Siente y actúa según tu intuición, según lo que consideres que puede ser más beneficioso para ti.

REALIZACIÓN DE LA CARTA

Al redactar esta carta, vas a tener una conversación simbólica con tu ser querido fallecido. Te proponemos varios puntos que puedes incluir en ella, pero puedes sentirte libre y creativo a la hora de llevarla a cabo.

- Es una carta escrita en tiempo presente, escribe la fecha actual.
- Comienza de manera formal y con el nombre a quien va dirigida: Querido/a ….
- Puedes empezar describiendo (contándole) cómo es tu vida actualmente: Desde que no estás….
- Realiza un recorrido por los diferentes sentimientos y emociones, comenzando por las más difíciles o desagradables finalizando por las que más que más armonía generan, por las más amorosas:
  - **Rabia:** Me enfada pensar en …
  - **Vergüenza:** Me avergüenzo por …
  - **Tristeza:** Me entristece pensar en …
  - **Angustia:** Lo más doloroso ha sido …
  - **Culpa:** Espero que me perdones si…. O por …
  - **Reconocimiento:** Quiero que sepas que siempre he valorado …
  - **Alegría:** Lo que me más me ha gustado de ti es …

- **Amor:** Con lo que más he disfrutado es ...
- **Calma:** No te preocupes por ...
- **Gratitud:** Agradezco...

* Los mensajes más valiosos y reconfortantes que pueden contener tu carta de despedida son: lo siento, por favor perdóname o te perdono, te quiero y gracias.
* Una vez que has escrito tu carta puedes leerla varias veces, puedes leértela en voz alta.

No podemos concluir este camino que hemos emprendido juntos sin contarte esta historia ...

La fábula del helecho y el bambú

Un día desistí y decidí darme por vencido... renuncié a mi trabajo, a mi relación, a mi vida y me dirigí hacia un bosque para hablar con un anciano que decían que era muy sabio.

—*¿Podría ayudarme a encontrar una razón para no darme por vencido?* —*le pregunté.*

—*Observa a tu alrededor* —*me respondió*—, *¿ves allí un helecho y un bambú?*

—*Sí* —*le dije.*

—*Cuando sembré las semillas del helecho y el bambú, me dediqué mucho a ellas y las cuidé muy bien. El helecho creció rápidamente y muy pronto su verde brillante cubría el suelo. Pero nada salió de la semilla de bambú. Sin embargo, no renuncié al bambú.*

El segundo año el helecho creció más aún, brillante y abundante y, nuevamente, nada creció de la semilla de bambú. Pero no renuncié al bambú.

En el tercer año, nada brotó de la semilla de bambú. Pero no renuncié al bambú.

En el cuarto año, nuevamente nada salió de la semilla de bambú. Pero no renuncié al bambú.

En el quinto año, un pequeño brote de bambú se asomó en la tierra. En comparación con el helecho era, aparentemente, muy pequeño e insignificante.

El sexto año, el bambú creció más de 20 metros de altura. Se había pasado cinco años echando raíces para que lo sostuvieran. Aquellas raíces lo hicieron fuerte y le dieron lo que necesitaba para sobrevivir.

¿Sabías que todo este tiempo que has estado luchando, realmente has estado echando raíces? —*le dijo el anciano, y continuó...*

El bambú tiene un propósito diferente al del helecho, sin embargo, ambos son necesarios y hacen del bosque un lugar hermoso.

Nunca te arrepientas de un día en tu vida. Los buenos días te dan felicidad. Los malos días te dan experiencia. Ambos son esenciales para la vida —*le dijo el anciano y continuó...*

La felicidad te mantiene dulce. Los intentos te mantienen fuerte. Las penas te mantienen humano. Las caídas te mantienen humilde. El éxito te mantiene brillante...

Si no consigues lo que anhelas, no desesperes... quizá sólo estés echando raíces.

Fuente: el sendero del chamán (www.elsenderodelchaman.com)

El camino del duelo a la resiliencia es un complejo y largo camino. Requiere tiempo, constancia, sentimiento, reflexión... es difícil no caer en la desesperación al pensar que nunca podremos superarlo o que todos nuestros esfuerzos no son suficientes, pero, tal y como lo hizo el sabio anciano del bosque al confiar y respetar el proceso de crecimiento de su bambú, debemos persistir, debemos confiar en nosotros y en la naturaleza del proceso, pues a través de tus vivencias dolorosas e intentos de superación es como están naciendo y creciendo las raíces de tu transformación.

Estas raíces tienen como propósito sostener tu nuevo yo resiliente, esa nueva versión de ti mismo que ha surgido de la experiencia, aquella que refleja la fortaleza de seguir adelante a pesar de la pérdida y que se nutre de todos tus intentos de sobrevivir, de las todas las labores de reconstrucción que desempeñas cada día, del amor que sientes por las personas que nos guían desde el otro lado del camino. Ya no puedes verlas, pero si cierras los ojos, podrás encontrarlas dentro de ti. Su recuerdo siempre seguirá contigo. El amor no pasa jamás.

Gracias por haber llegado hasta aquí. Llegó la hora de despedirse, pero lo que has aprendido en este libro te acompañará el resto del camino. Hasta siempre.

BIBLIOGRAFÍA

Autocompasión. Enfoque psicoterapéutico. Sara Gilda Argudín Depestre. Editorial Científico-Técnica, La Habana. 2015.

Hacia la paz interior. Thich Nhat Hanh. Debolsillo Clave. 2012.

Apego adulto. Judith Feeney, Patricia Noller. Nuevas psicoterapias. Biblioteca de Psicología. Descleé. 2001.

La inteligencia emocional de los niños. Claves para abrir el corazón y la mente de tu hijo. Will Glennon. Booket. 2013

Calma. Relaja tu mente, cambia el mundo. Editorial Plaza Janés. Michael Acton Smith. Traducción de Laura Rins Calahorra. 2016.

Intervención psicológica en las catástrofes. José Ignacio Robles Sánchez, José Luis Medina Amor. Editorial Síntesis. 2002.

No soy yo. Entendiendo el trauma complejo, el apego y la disociación. Una guía para pacientes y profesionales. Anabel González. 2017.

Me cuesta tanto olvidarte. Mariela Michelena. La esfera de los libros, año 2014.

Sobre el duelo y el dolor. Elisabeth Kübler-Ross, David Kessler. Editorial Luciérnaga. Año 2006. 6ª impresión año 2018

El hombre en busca de sentido. Viktor E. Frankl. Herder.

Come, reza, ama. Elisabeth Gilbert. De bolsillo. 2015

La bailarina de Auswichtz: una inspiradora historia de valentía y supervivencia. Edith Eger. 2018

Evaluación del apego-attachment y los vínculos familiares. Félix Loizaga (coord.) Editorial CSS. 2016

La llave de la buena vida: saber ganar sin perderse a uno mismo y saber perder ganándose a uno mismo. Joan Garriga. 2015 (utilizado sólo para una frase literal)

Resiliencia o la adversidad como oportunidad. Rosario Linares. Ediciones Espuela de Plata. 2017.

La muerte, un amanecer. Elisabeth Kübler-Ross. Luciérnaga. 2014

La rueda de la vida. Elisabeth Kübler-Ross. RBA Coleccionables. 2006

Cuando el final se acerca. Cómo afrontar la muerte con sabiduría. Kathryn Mannix. El ojo del tiempo Siruela. 2017

Trauma, culpa y duelo. Hacia una psicoterapia integradora. 2º edición. 2006. Pau Pérez Sales. Nuevas Psicoterapias. Descleé.

Las tareas del duelo. Psicoterapia de duelo desde un modelo integrativo-relacional. Alba Payás Puigarnau. Paidós. 2010

El milagro de mindfulness. Thich Nhat Hanh. Oniro. 2007

El tratamiento del duelo. William Worden, J. Ediciones Paidós. 2ª edición 2013

DSM-5. Manual Diagnóstico y Estadístico de los Trastornos Mentales. EDQD9, Editorial médica Panamericana. 5ª edición 2018

Tratando el proceso de duelo y de morir. Recursos terapéuticos. Leila Nomen Martín. Pirámide. 2008

WEBGRAFÍA

- www.elsevier.es Revista Médica Clínica Las Condes. Vol. 24 Nº 4. Julio 2013 págs 528-731.
- www.rtve.es/noticias/20131101/como-explicar-muerte-niños-siempre-hay-decir-verdad/780285.shtml
- www.fundacionmlc.org
- http://blogapoyofamiliar.blogspot.com/p/cuentos-y-consejos-para-tratar-con-sus.html?m=1
- https://www.avntf-evntf.com/Word-content/uploads/2016/11/Rico-Asier-Trab-3%C2%BA-online-14.pdf
- http://www.clubpequeslectores.com/2017/03/cuentos-infantiles-superar-dificultades.html
- https://psiqueviva.com/genetica-de-la-conducta/las-funciones-de-la-tristeza/
- www.srperro.com para duelo por muerte de mascotas (poema de Pablo Neruda y canción en memoria de Muffins)
- http://www.bdv.cat/sites/default/files/common/Salut/guia_per_a_familiars_en_dol.pdf
- https://lamenteesmaravillosa.com/ghosting-desaparecer-vez-terminar-una-relacion/
- http://www.psicoterapeutas.com/pacientes/Trauma.html
- www.lasllavesdelatico.blogspot.com Duelo diferido
- www.siquia.com Duelo patológico: cómo identificarlo y ayudar a superarlo.
- https://es.wikipedia.org/wiki/Pla%C3%B1idera
- https://www.researchgate.net/profile/Juan_Gonzalez-Rivera2/publication/311677585_La_Espiritualidad_en_los_Procesos_de_Duelo/links/5853f11908aef7d030a796ec/La-Espiritualidad-en-los-Procesos-de-Duelo.pdf?origin=publication_detail
- https://m.noticiasdenavarra.com/2018/11/18/sociedad/navarra/morir-es-un-proceso-interesante-no-duele-y-termina-bien.amp

- www.psicoterapeutas.com Los traumas y sus efectos psicológicos
- https://www.tendencias21.net/La-espiritualidad-humana-tiene-su-origen-en-estructuras-cerebrales_a17073.html
- www.lasllavesdelatico.blogspot.com Duelo diferido
- www.siquia.com Duelo patológico: cómo identificarlo y ayudar a superarlo.
- Wikipedia: tabla medidas terremotos
- https://www.researchgate.net/profile/Juan_Gonzalez-Rivera2/publication/311677585_La_Espiritualidad_en_los_Procesos_de_Duelo/links/5853f11908aef7d030a796ec/La-Espiritualidad-en-los-Procesos-de-Duelo.pdf?origin=publication_detail
- https://m.noticiasdenavarra.com/2018/11/18/sociedad/navarra/morir-es-un-proceso-interesante-no-duele-y-termina-bien.amp
- https://es.wikipedia.org/wiki/Escala_sismol%C3%B3gica_de_Richter
- Albert Espinosa. Vídeo BBVA: https://aprendemosjuntos.elpais.com/especial/no-existe-la-felicidad-sino-ser-feliz-cada-dia-albert-espinosa/
- Alejandro Jodorowsky testimonio recogido en su página de Facebook: https://www.facebook.com/alejandrojodorowsky/posts/10153442365935059
- Boris Cyrulnik vídeos BBVA: https://www.youtube.com/watch?v=_IugzPwpsyY
- Irene Villa vídeo BBVA: https://aprendemosjuntos.elpais.com/especial/puede-el-perdon-curar-el-dolor-irene-villa/
- https://www.fitnessrevolucionario.com/2019/02/02/gratitud/
- https://www.elpradopsicologos.es/blog/diario-gratitud/
- https://cuentosamorosos.blogspot.com/2009/10/el-capullo-y-la-mariposa.html
- https://psicologiaymente.com/psicologia/cerrar-ciclo-emocional
- https://blogapoyofamiliar.blogspot.com/p/cuentos-y-consejos-para-tratar-con-sus.html